Couvertures supérieure et inférieure manquantes

VOYAGE PITTORESQUE ET ARCHÉOLOGIQUE

SUR LES

CÔTES DE BRETAGNE

TOURS, IMP. DESLIS FRÈRES, RUE GAMBETTA, 6

O mon pays, garde bien ta foi chrétienne, cette sève des peuples forts.

VOYAGE PITTORESQUE & ARCHÉOLOGIQUE

SUR LES

CÔTES DE BRETAGNE

PAR

L.-F. JÉHAN (de Saint-Clavien)

MEMBRE DE LA SOCIÉTÉ ARCHÉOLOGIQUE ET HISTORIQUE DES CÔTES-DU-NORD
DE LA
SOCIÉTÉ POLYMATHIQUE DU MORBIHAN, DE L'ACADÉMIE ROYALE DES SCIENCES DE TURIN,
DE LA SOCIÉTÉ GÉOLOGIQUE DE FRANCE,
DE LA SOCIÉTÉ DES BELLES LETTRES, SCIENCES ET ARTS D'ORLÉANS, ETC.

> Tous les peuples de l'Europe ont parlé et parlent
> encore les dialectes d'une même langue originelle ;
> tous ont eu par conséquent le même berceau, les
> traditions d'une même foi primitive, les mêmes
> monuments, dans une haute antiquité.

TOURS
ALFRED CATTIER, ÉDITEUR

—

1888

A LA BRETAGNE

Salut, noble fille des Gaules ! Assise sur tes vertes collines, à l'ombre de tes vieux chênes, le front chargé de souvenirs et le cœur palpitant de saints enthousiasmes, toujours rêvant et toujours chantant au bruit des vents et des flots, Bretagne, que j'aime comme on aime celle qui nous a donné le jour, reçois cet humble hommage d'un de tes enfants.

J'ai voulu parler de toi, rappeler quelques noms, éveiller quelques idées, toucher quelques origines, quelques traditions, répandues sous tes ombrages, errantes sur tes rivages, autour de tes antiques monuments... daigne agréer mes efforts.

O mon pays, garde bien des envahissements d'une civilisation mensongère la fraîcheur de tes vallées, la fleur de tes bruyères, la limpidité de tes fontaines. Race des Kymris, si justement fière des titres de ta descendance et assez riche de ton propre fonds, garde toujours la pureté de ton sang, la noble simplicité de ton caractère, ta puissante individualité. Terre des calvaires et des clochers, qui protègent de leur ombre bénie tes hameaux et tes moissons, garde bien surtout ta foi chrétienne, cette sève des peuples forts. Qu'elle repose, comme ton sol, sur le roc immuable. Sois toujours la blanche hermine, généreuse et fidèle, qui redit à travers les siècles :

POTIUS MORI QUAM FŒDARI !
PLUTÔT LA MORT QU'UNE SOUILLURE

Un de tes fils,
L.-F. JÉHAN (DE SAINT-CLAVIEN.)

INTRODUCTION

> O Breiz-Izel ! ô kaëra brô !
> Koad war hé c'hreiz, môr enn hé zrô
> O Bretagne ! ô très beau pays !
> Bois au milieu, mer à l'entour !
> TALEN-ARVOR.

On a beaucoup écrit depuis un demi-siècle sur la Bretagne-Armorique ; mais, parmi les auteurs qui ont publié des livres sur cette belle province, s'il en est plusieurs qui ont traité certaine partie capitale de son histoire, ou décrit certain côté spécial de sa physionomie avec une grande vérité et un talent supérieur, il faut convenir que la plupart l'ont plutôt *imaginée* qu'*observée* de près ou sérieusement *interrogée*. D'autres l'ont *vue* à travers leurs préjugés, et en ont parlé avec une légèreté regrettable. Malgré cette fausse direction donnée généralement aux appréciations sur la Bretagne, les ouvrages qui essayent de nous en tracer le tableau sont toujours accueillis avec empressement. C'est qu'il est peu de pays qui offrent à l'observateur et au savant un plus riche et plus fécond sujet de recherches et d'études, à l'artiste et au poète plus d'images et de scènes grandioses. Rien n'est plus varié que ses aspects, plus poétique que ses rivages, plus héroïque que son histoire, plus original et plus intéressant que ses mœurs et traditions, plus fervent que sa foi et sa piété, plus curieux et plus étrange que les monuments et les ruines qui couvrent son sol... Nous venons à notre tour redire un peu de toutes ces choses et résumer les travaux divers qui ont été publiés, en y joignant nos propres recherches. Nous avons écrit surtout avec notre cœur; nous avons parlé de notre chère et noble Bretagne avec le respect et la dignité de langage d'un fils qui essaye le portrait de sa mère. Si nous n'avons pas le génie qui pourrait donner à ses traits le sceau de l'immortalité, nous avons du moins la piété filiale qui peut en tracer une image fidèle. Il n'y a qu'un enfant qui connaisse bien celle qui lui donna le jour et qui sache tout ce que son sein recèle de trésors.

Les plus indifférents trouvent un charme mystérieux dans cette mélancolie touchante qui semble empreinte dans tous les aspects de notre Bretagne. Les œuvres de Dieu se montrent avec une poésie peut-être plus splendide ailleurs, mais nulle part plus émouvante. Je ne parle pas de ces grands spectacles de l'Océan, de ces vues maritimes qui remuent si profondément l'âme, de ces beaux horizons que l'on a souvent comparés à ceux de la Suisse et de l'Italie; je ne veux rappeler ici que ce qui s'offre communément à la vue, ce qui forme la scène ordinaire et comme la décoration de tous les jours, suivant les diverses saisons de l'année. Ce sont, au printemps, les délicieuses *closeries* de genêts et de pommiers aux bouquets éblouissants; en été, les champs de sarrasin à la tige de corail et aux fleurs de neige, aimées de l'abeille; en automne, les vastes landes toutes diaprées d'ajoncs dorés, de bruyères roses, de gentianes bleues.

Mais voulez-vous jouir d'un de ces magnifiques aspects dans lequel vous pourrez embrasser d'un seul regard la moitié de la Basse-Bretagne, choisissez une belle journée, et gravissez la montagne de Gourin, dont la cime sépare les deux départements du Morbihan et du Finistère. De ce sommet, toute cette vaste contrée se déroulera sous vos yeux comme une carte en relief. Vous pourrez suivre les deux grandes arêtes qui la traversent; au nord-ouest, les montagnes d'Arhès avec Saint-Michel, le pic le plus haut de cette chaîne; les Montagnes-Noires, qui courent de l'ouest à l'est. Les premières abaissent leurs pentes vers la baie de Douarnenez, les secondes, sous les noms de Menez-Brez, de Menez-Haut, se dessinent dans les Côtes-du-Nord. Ne cherchez pas à saisir aucun détail dans cet immense tableau; le cours des rivières, le contour des vallées, les bourgs, les villes, se laissent à peine deviner; ne vous attachez qu'à l'immensité sublime de l'ensemble, à cette variété de plans successifs, à ce relief des montagnes, des collines, qui déploient sur leurs croupes de longs tapis de verdure et de moissons, tandis que leurs cimes chauves n'offrent à l'œil que des rocs décharnés. Du point culminant d'où votre regard plane sur un horizon sans bornes, vous pouvez prendre une idée complète du terrain ondulé de la Bretagne et des milliers de vallons qui la coupent dans toutes les directions, désigner la place des villes de trois départements, montrer du doigt les lieux où les grands événements se sont passés... Au milieu de la nature sauvage et primitive qui vous environne, vous rêverez longtemps aux siècles écoulés sans avoir à craindre d'être troublé par le bruit des hommes, car la solitude est partout autour de vous; tout au plus, à l'orient, sur la route de Carhaix à Gourin, apercevrez-vous d'heure en heure quelque voyageur isolé qui passe, ou quelque chevrier qui conduit son troupeau noir sur la bruyère en chantant un cantique du pays.

Si la Bretagne a des sommets arides, elle a des plaines et des coteaux qui se couvrent des plus riches cultures; c'est la patrie des plus précieuses céréales. Pour ne citer ici que son littoral, on ne peut voir sans admiration la beauté des moissons qu'il produit, et qui lui ont fait donner le nom caractéristique de *Ceinture d'or*. Les courants marins entretiennent dans ses golfes de tièdes brises qui font croître le myrte, le magnolia et les lauriers-roses en pleine terre, et mûrir la figue comme en Provence.

C'est le pays des grands bois de chênes, profonds et sonores sous le souffle de l'orage qui vient ébranler leur cime. Partout les champs sont entourés de haies vivaces, impénétrables; ces hautes clôtures boisées donnent au pays l'aspect d'une forêt continue. C'est au long de ces abris touffus, tout resplendissants de fleurs au printemps, qu'on aime à suivre les détours des sentiers, à s'asseoir parmi les fougères, sur les gazons qui tapissent le revers des fossés. Rien n'égale le charme et le mystère de ces recoins ignorés... On se désaltère dans des fontaines limpides, enchâssées comme un cristal dans des bassins de granit, tapissées de mousse, entourées de feuillage; on voudrait être peintre pour reproduire l'humide fraîcheur de ces sites délicieux. On s'égare dans des vallées aux perspectives riantes et solitaires, baignées par des rivières dont les bords charmants le disputent à l'Ellé et à l'Izôle, chantées par Brizeux, et ne le cèdent qu'aux rives de la Rance, qui va se perdre dans l'Océan au pied du Grand-Bé, et salue en passant d'un flot mélodieux la tombe du chantre des *Martyrs*.

« Entre la mer et la terre s'étendent des campagnes pélagiennes, frontière indécise des deux éléments : l'alouette des champs y vole avec l'alouette marine ; la charrue et la barque, à un jet de pierre l'une de l'autre, sillonnent la terre et les eaux. Des sables de diverses couleurs, des bancs variés de coquillages, des fucus, des varechs, des goëmons, des franges d'une écume argentée, dessinent la lisière blonde ou verte des blés. J'ai vu dans l'île de Céos un bas-relief antique qui représentait les Néréides attachant des festons au bas de la robe de Cérès [1]. »

---

[1] CHATEAUBRIAND. Salut au grand homme, au grand écrivain, enfant de la Bretagne !... J'étais encore sur les bancs du collège, lorsque, d'un pinceau bien novice, j'essayai de tracer le portrait suivant des deux écrivains qui étaient alors mes auteurs favoris, Chateaubriand et Bernardin de Saint-Pierre. J'espère que le lecteur aura de l'indulgence pour l'enthousiasme et l'inexpérience du jeune écolier.

«... Les ouvrages de M. de Chateaubriand sont beaux, harmonieux comme son noble nom, sonores et religieux comme la nef d'une cathédrale quand l'orgue entonne l'*hymne des Anges*... Je comparerais volontiers encore ce grand écrivain à un fleuve majestueux qui coule dans une belle solitude, quand ses ondes, la cime des grands bois qui ombragent ses bords et les riantes collines d'alentour, sont colorées des reflets d'un magnifique soleil couchant. Mais à cette splendeur de la scène il faut ajouter les bruits qui sortent des grottes et des bocages et se répètent de rochers en rochers, le long du fleuve, et les douces mélodies, et les soupirs de tristesse, et les plaintes qui s'échappent des joncs et des roseaux émus par un souffle mystérieux, à l'heure mélancolique où la lune, rêveuse et solitaire, plane dans l'azur du firmament. Chateaubriand, c'est le Meschascebé avec la pompe inouïe de ses rivages, avec ses murmures indescriptibles, ses brises embaumées et tous les enchantements des déserts...

« Aucun auteur n'égale le grand poète de la Bretagne pour la grâce des images, le charme de l'expression, l'élégance du tour, la mélodie de la phrase... »

« Un autre peintre que j'aime aussi beaucoup, c'est Bernardin de Saint-Pierre. Il a moins de chaleur, moins d'élévation peut-être, il a surtout moins de cette poésie ardente et de ces tristesses indicibles de l'âme qui font rêver profondément en lisant Chateaubriand ; mais il y a, dans les écrits de l'auteur des *Études de la nature*, une noble dignité de ton, une sensibilité douce, une simplicité et une fraîcheur ravissantes. C'est un lac tranquille, au fond d'une fertile vallée, contemplé par une calme matinée de printemps. Tout sourit, tout fleurit, tout chante sur les rives, tout bénit dans des accents divins le Créateur

Après avoir contemplé les monuments de la nature, les sites pittoresques et les beaux horizons, on se plaît à chercher des souvenirs pleins d'un mélancolique intérêt, parmi les ruines des cités détruites, Ocismor, Ker-Is, Corseul, Torente, et celles de tant d'abbayes fameuses et de donjons féodaux, aujourd'hui recouvertes de lianes sombres, et dans l'enceinte desquelles on n'entend plus, au lieu des chants religieux ou des bruyants éclats du plaisir, que les cris discordants d'oiseaux de sinistre augure. Quel charme triste et doux, au milieu de ces ruines, devant la mer calme et bleue ou sous les ombrages des grands bois, dans quelque site écarté, d'écouter les traditions racontées par un vieillard dans sa langue antique ! d'entendre les récits d'un autre âge, les légendes naïves et pleines de merveilles !... On repeuple ces vieux monuments ; on refait dans sa pensée ce monde des temps passés, on prête l'oreille au gémissement de la vague, au murmure du vent dans les feuilles, avec une sorte de saisissement superstitieux dont on a peine à se défendre. On regarde autour de soi si quelque grande figure de solitaire ne passe point derrière les colonnes de granit, au fond des nefs dévastées, avec sa robe blanche et sa figure hâve... Que le son du cor vienne à se faire entendre au loin dans

---

et sa Providence universelle. On dit que Bernardin de Saint-Pierre n'est pas toujours heureux dans les explications qu'il donne des vues de la nature. Ce défaut même fait honneur à la piété de son âme, car il n'étudie les merveilles de la création que pour y chercher des preuves de la sagesse éternelle.

« Il dit de lui quelque part : « Je ne suis, par rapport à la nature, ni un « grand peintre, ni un grand physicien, mais un petit ruisseau souvent troublé « qui dans les moments de calme la réfléchit le long de ses rivages. »

On a lieu de regretter qu'il ne se soit pas rappelé plus souvent cette aimable et modeste profession de foi.

la forêt, on se demande si ce n'est point quelque chevalier qui annonce sa venue, ou quelque seigneur qui arrive à son ancien rendez-vous de chasse...

Presque toutes les abbayes, en Bretagne, ont été bâties au milieu d'admirables paysages. Une des plus anciennes et des plus célèbres est l'abbaye de Saint-Mathieu, fondée au VII° siècle par saint Tanguy [1], sur le cap du même nom qui termine le continent, et que nos ancêtres nommaient *Loc-Mazé de fine terre* [2]. Les ruines de cette abbaye dominent de hauts rochers dans lesquels les flots ont creusé d'immenses cavernes. Au moment de la marée montante, la vague se précipite en mugissant au fond de ces gouffres ; on l'entend courir avec un bruit sourd dans les grottes profondes, au-dessous de l'abbaye. Le sol frémit sous vos pieds ; ce roulement souterrain des flots est si lugubre, qu'il saisit l'âme d'un sentiment d'effroi involontaire. Ce terrible murmure de l'Atlantique, ce spectacle imposant de la vaste mer, ces récifs qui font étinceler au loin leurs jets d'écume, toute cette puissance redoutable qui roule et gronde autour de vous, forment une scène indescriptible qui vous jette dans une sorte d'anéantissement extatique. Immobile et comme écrasé en présence de ce tableau sublime, vous restez longtemps affaissé dans le sentiment de votre petitesse. Tant de bruits solennels, tant de splendeur, ont ébloui, enivré, fasciné vos sens, que, lorsque vous revenez à vous-même, vous n'avez conservé de ce que vous avez vu, de ce que vous avez entendu,

[1] Né dans un château sur les ruines duquel fut bâti celui de Trémazan, berceau de la famille des Tanguy du Châtel, dont l'un a été inhumé à Saint-Denis.
[2] C'est le *promontoire de Gobée* de Ptolémée.

que cette impression d'accablement qui suit toutes les émotions en dehors de l'existence vulgaire.

Que dirons-nous maintenant des mœurs si intéressantes de la littérature populaire si originale des habitants de cette vieille terre d'Armorique? On n'estime pas à moins de dix mille le nombre de chants qui se transmettent, en Bretagne, de foyer en foyer dans les soirées d'hiver, de vallée en vallée dans les beaux jours, par la voix de ce peuple poète et chanteur; car les Bretons aiment passionnément à chanter. Ils chantent naturellement comme l'alouette sur la lisière de leurs landes; ils chantent en marchant, ils chantent en travaillant, ils chantent en dansant, ils prient en chantant, à table ils chantent, et dans les veillées qui les réunissent ils ont pour charmer les heures de longs récits qu'ils chantent. On dirait qu'il est resté dans l'âme de ce peuple primitif un rayon de ce soleil d'Orient qui illumina son berceau, au pied de l'Himalaya, flamme inspiratrice tempérée par la mélancolie des solitudes armoricaines.

C'est un charme inexprimable que d'entendre ces airs de vieilles ballades ou de touchantes complaintes, qui, durant le belles soirées d'été, se croisent dans l'espace comme les brillants insectes dans les derniers feux du jour : notes suaves qui vous arrivent apportées par les brises avec les douces émanations du serpolet des collines... «Tout plongé dans cette atmosphère poétique, dit un brillant peintre de la Bretagne, rêveur et enchanté, vous vous avancez au milieu d'une campagne agreste ; vous voyez de grandes pierres habillées de mousses qui se penchent au bord des bois, des ruines féodales accroupies dans les bruyères, sur le flanc des coteaux, et parfois, au haut de la montagne, des figures d'hommes échevelés et étrangement vêtus vous apparaissent et passent comme des ombres entre l'horizon et vous, se dessinant sur le ciel que la lune commence à éclairer. C'est comme une vision des temps passés, comme un rêve que l'on ferait après avoir lu une page d'Ossian. »

Êtes-vous curieux de ces souvenirs des âges éloignés, encore tout empreints de ces mystères et de ces rites druidiques contre lesquels le christianisme était en lutte dans la vieille Armorique, écoutez ces vers étranges que l'on chante dans le pays de Tréguier. C'est Merlin l'enchanteur [1], Merlin le devin, le magicien, le type du druide. Il s'est levé dès l'aurore; il parcourt les bois, les rivages, les prairies, il cherche l'œuf rouge du serpent marin, *l'herbe d'or*, le gui du chêne. Sur ces divers talismans, voyez Pline l'Ancien [2].

« Merlin, Merlin, où allez-vous si matin avec votre chien noir ?
— Je reviens de chercher le moyen de trouver, ici, l'œuf rouge.
L'œuf rouge du serpent marin, au bord du rivage dans le creux du rocher.
Je vais chercher dans la prairie le cresson vert et l'herbe d'or,
Et le gui de chêne, dans le bois, au bord de la fontaine.
— Merlin ! Merlin ! revenez sur vos pas, laissez le gui au chêne,
Et le cresson dans la prairie, comme aussi l'herbe d'or,
Comme aussi l'œuf du serpent marin, parmi l'écume dans le creux du rocher;
Merlin ! Merlin ! revenez sur vos pas; il n'y a de devin que Dieu. »

[1] Les Armoricains écrivent Marzin, les Gallois Myrddhin (pron. Merzlin). Il vivait au ve siècle.
[2] L. XIV, XXIX, etc.

Un autre barde du vᵉ siècle est demeuré dans un chant populaire, connu sous le titre de *Prédiction de Gwenc'hlan*. Gwenc'hlan habitait entre Roc'h-Allaz et le Porz-Gwenn, au diocèse de Tréguier. Il fut fait prisonnier et jeté dans un cachot par un prince étranger qui lui fit crever les yeux. Ce chant de mort du barde breton respire la vengeance et surtout la haine des prêtres chrétiens.

« Quand le soleil se couche, quand la mer s'enfle, je chante sur le seuil de ma porte [1].

Quand j'étais jeune, je chantais; devenu vieux je chante encore.
Je chante la nuit, je chante le jour, et je suis chagrin pourtant.
Si j'ai la tête baissée, si je suis chagrin ce n'est pas sans motif;
Ce n'est pas que j'aie peur ; je n'ai pas peur d'être tué ;
Ce n'est pas que j'aie peur ; assez longtemps j'ai vécu.
Peu importe ce qui arrivera : ce qui doit être sera.
Il faut que tous meurent trois fois, avant de se reposer enfin [2].

. . . .
. . . .

Comme j'étais doucement endormi dans ma froide tombe, j'entendis l'aigle appeler au milieu de la nuit.

Il appelait ses aiglons et tous les oiseaux du ciel.

Et il leur disait en les appelant :

« Levez-vous vite sur vos deux ailes !

Ce n'est pas de la chair pourrie de chiens ou de brebis, c'est de la chair chrétienne qu'il vous faut !

Vieux corbeau de mer, écoute; dis-moi : que tiens-tu là ?

— Je tiens la tête du chef d'armée [3]; je veux avoir ses deux yeux rouges.

— Je lui arrache les yeux, parce qu'il a arraché les tiens.

— Et toi, renard, dis-moi, que tiens-tu là ?

— Je tiens son cœur, qui était aussi faux que le mien,
Qui a désiré ta mort, et t'a fait mourir depuis longtemps.

— Et toi, dis-moi, crapaud, que fais-tu là, au coin de sa bouche ?

---

[1] Pa guz ann heol, pa goenv ar mor,
   Me oar kana war dreuz ma dor, etc., etc.
[2] Gwenc'hlan paraît croire aux *trois cercles d'existence* de la théologie druidique (Docteur Owen's. *Dictionary of the welsh language*).
[3] Le chef étranger qui fit prisonnier le poëte.

— Moi, je me suis mis ici pour attendre son âme au passage.

Elle demeurera en moi tant que je vivrai, en punition du crime qu'il a commis

Contre le barde qui n'habite plus entre Roch'Allaz et Porz-Gwenn. »

Les Bretons ont des chants mythologiques, nous venons d'en donner deux exemples ; ils ont des chants héroïques, des chants historiques, des chants domestiques, des légendes qu'ils chantent, des chants religieux [1]. Qu'on nous permette encore de transcrire un chant historique que l'on chante en Cornouaille et dans le pays de Vannes, *les Fleurs de mai*, élégie touchante composée par deux sœurs. C'est un poétique et gracieux usage, dans le pays que nous venons de nommer, de semer de fleurs la couche des jeunes filles qui meurent au mois de mai ; c'est le sujet triste et doux du chant qu'on va lire.

« Qui aurait vu Jeff sur la grève, les yeux brillants et les joues roses [2] ;

Qui aurait vu Jeff au pardon aurait eu le cœur réjoui.

Mais qui l'aurait vue sur son lit eût pleuré de pitié pour elle ;

Pour la pauvre fille malade, aussi pâle qu'un lis d'été,

Elle disait à ses compagnes assises sur le banc de son lit :

« Mes compagnes, si vous m'aimez, au nom de Dieu, ne pleurez pas.

Vous savez bien, il faut mourir : Dieu lui-même est mort, mort en croix.

Comme j'allais puiser de l'eau à la fontaine, le rossignol de nuit chantait d'une voix douce :

« Voilà le mois de mai qui passe, et les fleurs des haies avec lui ;

« Heureuses les jeunes personnes qui meurent au printemps !

« Comme la rose quitte la branche du rosier, la jeunesse quitte la vie ;

---

[1] M. de la Villemarqué a publié un recueil de ces chants armoricains, qu'il a traduits en français, et qui lui ont ouvert les portes de l'Institut. Rien n'est plus curieux, plus intéressant, plus varié, que ces produits de la muse celtique et les savants commentaires dont leur collecteur les accompagne.

[2] Neb a Welo Jeff ar ann ot,
   Drant he lagad, ru he diou chot ; etc., etc.

« Celles qui mourront avant huit jours, on les couvrira de fleurs nouvelles,

« Et du milieu de ces fleurs, elles s'élèveront vers le ciel, comme le passe-vole [1] du calice des roses. »

Jeffik, Jeffik, vous ne savez pas ce que le rossignol a dit :

« Voilà le mois de mai qui passe, et les fleurs des haies avec lui. »

Quand la pauvre fille entendit, elle mit ses deux mains en croix :

« Je vais dire un *Ave Maria* en votre honneur, dame Marie ;

Pour qu'il plaise à Dieu, votre Fils, d'avoir pitié de moi ;

Pour que j'aille, sans tarder, attendre mes compagnes dans le paradis. »

Sa prière était à peine finie, qu'elle pencha la tête ;

Elle pencha la tête et puis ferma les yeux.

En ce moment, on entendit le rossignol qui chantait encore au courtil :

« Heureuses les jeunes personnes qui meurent au printemps !

« Heureuses les jeunes personnes que l'on couvre de fleurs nouvelles ! »

Quelle mine féconde de légendes, de pieux cantiques, de traditions merveilleuses, souvenirs des vieux âges, luttes héroïques, cycle d'Arthur, chevalerie, féerie, monde de prestiges et d'enchantements, qui eut son berceau en Bretagne, et qui devint au moyen âge une source inépuisable d'attraits pour l'imagination, de beautés et d'inspiration pour le poète.

Ainsi donc, si le troubadour provençal peut offrir les palmes qui couronnent sa lyre, et le trouvère français ses lauriers héroïques, la muse armoricaine peut présenter avec non moins d'orgueil les poétiques rameaux du bouleau fleuri, qui paraient le front des anciens bardes, ces incorruptibles dispensateurs de la louange ou du blâme, ces chantres des dieux, du mérite solide, de la gloire et des hauts faits.

[1] insecte brillant qui vit sur les roses, espèce de coccinelle.

On s'oublierait aisément au chant des mélodies bretonnes, mais de nouvelles merveilles appellent notre attention et sollicitent nos recherches.

Quand on voyage en Bretagne, on rencontre sur les bruyères, dans les plaines, sur les promontoires de l'Océan, des monuments mystérieux, ternes et sombres, dont rien dans nos souvenirs ne peut nous donner l'explication..... Pourquoi ces énormes blocs dressés vers le ciel?... Pourquoi ces alignements, ces cercles d'obélisques gigantesques, ces grottes singulières, formées de pierres colossales qui en supportent de plus colossales encore ?... Ces monuments extraordinaires, nous les avons étudiés, nous sommes remonté à leur origine, bien antérieure à l'époque des druides ; nous en avons tracé la géographie depuis les îles Marianne jusqu'au fond de la Scandinavie ; dolmen, menhir, roulers, stonehenge, kroummleac'h, cairn, ont été l'objet de nouvelles recherches, et toutes les opinions auxquelles leur interprétation a donné lieu ont été appréciées et discutées. Une étude curieuse a été consacrée aux celtæ ou instruments en pierre, et à l'archéo-géologie, science nouvelle qui soulève aujourd'hui des questions graves et de vifs débats entre les savants.

Origine des monuments et, par suite, origine des peuples qui les ont élevés; migrations, itinéraires suivis par les nomades japhétiques; religions, croyances, mythologie antique, traditions primitives; Celtes, Gaëls, Kymris, Gaulois; druidisme, vues nouvelles sur ses pratiques, son organisation, ses symboles; triades, néobardisme, etc. etc.

Au milieu d'un tableau si riche et si varié, il est un point sur lequel il convenait surtout d'insister. La Bretagne a eu ses contempteurs ; on a traité ses habitants d'arriérés, d'esprits superstitieux ; double accusation, fondée sur un double préjugé, dont il nous a été facile de venger notre pays, et ce ne seront pas, nous le croyons, les chapitres les moins intéressants de notre livre.

La Bretagne a compris de tout temps qu'il est une dignité, une royauté morale et de nobles instincts que l'homme doit travailler surtout à conquérir sous peine de descendre vers l'ilotisme, et c'est ce qui lui a toujours fait placer les intérêts religieux et moraux au-dessus de tout le reste.

« Ainsi retranché dans ses mœurs nationales comme dans sa presqu'île ; défendu par sa langue et par son caractère comme par ses montagnes ; dévoué à son Dieu et à sa patrie jusqu'au martyre ; fidèle aux souvenirs et aux traditions du passé jusqu'à la superstition ; *coutumier* jusqu'à la routine, qui perpétue le mal, il est vrai, mais qui rend le bien éternel, sans rendre le mieux impossible ; enfin, de plus en plus humain, moral, honnête et sociable, à mesure que la religion et que l'éducation l'éclairent et le forment, le Breton, toujours le même par le cœur, depuis douze siècles, toujours le front calme et serein, s'avance d'un pas ferme et sûr au milieu des tombeaux, pleins d'échos de ses pères, vers un point rayonnant du ciel que lui montrent au loin l'Espérance et la Foi[1]. »

---

[1] M. Hersart de la Villemarqué. *Barzaz-Breiz*.

LA BRETAGNE

PITTORESQUE ET ARCHÉOLOGIQUE

> « O landes ! ô forêts ! pierres sombres et hautes,
> Bois qui couvrez nos champs, mers qui battez nos côtes,
> Villages où les morts errent avec le vent,
> Bretagne, d'où te vient l'amour de tes enfants ? »

I

VUE GÉNÉRALE

Aux dernières limites de l'Europe occidentale, dans la péninsule française appelée aujourd'hui la Bretagne, vit une race dite celtique, qui parle encore, au milieu du XIXe siècle, la langue qu'elle parlait dans son berceau, au pied de l'Himalaya, à l'autre extrémité du monde[1].

L'habitant de cette *terre de granit recouverte de chênes*, ainsi qu'on l'a justement nommée, a vu, du haut de ses

---

[1] Il est aujourd'hui reconnu et démontré que le breton, le gallois, l'erse d'Irlande, le gaélique d'Ecosse, sont bien des rameaux de la grande souche aryane, et parents du sanscrit, du grec et du gothique. Voyez les ouvrages de M. Pictet et de tous les philologues modernes, particulièrement ceux de Zeusz, qui nous paraît avoir établi les bases véritables de la philologie celtique.

« On n'a pas vu sans surprise, dit Léhuérou, que des sons qui se répètent depuis deux mille ans dans les chaumières de la Basse-Bretagne et du pays de Galles, se conservent depuis trois mille ans dans la langue sacrée des pagodes de l'Inde. » *Orig. Celt.* D. Prznox, *De l'antiq. de la nation et de la langue des Celtes.* Voy. la note 1 à la fin du volume.

promontoires, passer durant une longue série de siècles les peuples et les empires, sans que leur choc ait entamé ses antiques souvenirs et son caractère national, aussi indestructibles que les rochers de quartz qui le protègent contre les flots de son Océan sauvage [1].

C'est le pays des bruyères à la jaunissante verdure, semées de monuments étranges, autour desquels plane l'oiseau marin.

C'est le pays des vieilles forêts druidiques, pleines de mystères et de fantômes, sur la lisière desquelles on respire encore comme un arome de verveine, d'*herbe d'or* et de gui sacré.

C'est surtout le pays des vallées verdoyantes, festonnées d'églantiers et de chèvrefeuilles, où coulent, sous le feuillage du frêne et du saule argenté, d'innombrables ruisseaux aussi transparents que le cristal des fontaines.

La tradition du foyer, la chanson du pâtre et la légende du vieillard; la majesté des grands bois et les menhirs grisâtres sur la lande déserte; les abbayes en ruines et les vieux donjons féodaux avec le lierre qui les drape, et l'oiseau sinistre qui les hante, et la flèche aérienne du hameau, et le pieux cantique du pèlerin, et le nuage qui passe, et la cloche qui tinte, et le vent qui gémit, tout parle, tout prend une voix sur ces bords, où les aspects, les souvenirs, les monuments reflètent une originalité primitive et saisissante.

Poëme admirable, empreint de beautés intimes et ca-

---

[1] « Tel que ses inexplicables monuments, le paysan breton reste immobile au sein des tempêtes. » DE LA ROCHEMACÉ, *Études sur le culte druidique.*

chées, sauvages et grandioses! Chant de druidesse, au fond de ses retraites océaniques, plein de la grandeur des dieux et de la mélancolie des solitudes!

II

LA MER SUR LES CÔTES. — UN DON DE LA PROVIDENCE

Vous aimez la mer; vous admirez cette plaine mobile, azurée, murmurante, dont le regard cherche en vain à mesurer l'étendue. Avancez, elle n'est pas loin... Déjà elle s'annonce par l'aspect austère de la nature qui vous environne et que son souffle opprime. Voyez ces herbes rudes et souffreteuses, ces arbres rares, tourmentés, aux attitudes maladives... Ici une puissance redoutable exerce son empire... Mais vous touchez au rivage... Voilà l'Océan! le voilà sous la main du Créateur, qui en soulève et balance la menaçante immensité! Saluez cet éternel monument de la Toute-Puissance. Ne sentez-vous pas que devant cet imposant tableau, votre esprit, transporté d'un religieux enthousiasme, s'agrandit, s'exalte, devient sans bornes comme les vastes mers que vous contemplez?

A l'époque des syzygies ou grandes marées, surtout si l'impétueux Circius[1], ce terrible vent du sud-ouest, souffle

---

[1] C'est ce vent qui courbe dans la même direction tous les arbres de la Bretagne, de la Normandie, de toutes les terres voisines de nos côtes.

sur la côte, allez contempler du haut du rivage les mouvements de la mer armoricaine ; vous verrez le grand courant océanien d'Afrique, d'une vitesse de vingt lieues par jour, soulever au moment du reflux, avec une violence inouïe, d'énormes galets entassés sur les grèves, puis se projeter avec un fracas qui semble l'écroulement du monde, contre des remparts de roches taillées à pic d'une élévation de soixante à quatre-vingts mètres, que vous sentirez trembler sous vos pieds [1].

Il n'est point de pays plus battu des orages. Une multitude de caps étroits, longs, prolongés par des masses rocheuses, âpres et rudement découpés, partent d'un centre et s'étendent au loin sur la mer. On dirait un débris, une des ruines des vieux mondes. Toute la côte est rongée, minée par les assauts de la vague ; elle pénètre dans des grottes profondes, où elle roule comme un tonnerre au fond des gorges des montagnes ; elle jaillit avec fureur sur des millions de rochers.

Suivez, si vous le pouvez, du haut des caps de granit, depuis les terribles rochers de Penmarc'h jusqu'à la pointe du Toull-Inguet, ces lames aux mille formes qui déferlent au milieu des brisants innombrables dont cette côte est hérissée. Elles rappellent sur ces bords, où sévit la tourmente, ces lames gigantesques observées par Durville pen-

---

[1] Le courant marin dont nous parlons est le Gulf-Stream. Parti des côtes d'Afrique, il se porte dans le golfe du Mexique, remonte un instant vers le nord, puis se dirige au sud-est et revient se jeter sur l'Europe. Il conserve une chaleur moyenne de 14 à 16 degrés et maintient sur les côtes de Bretagne et d'Irlande une température favorable à la végétation, qui fait croître, dans les environs de Saint-Pol-de-Léon par exemple, des figuiers aussi grands que ceux de la Provence.

dant les tempêtes des mers australes [1]. Tantôt on les voit monter de la haute mer, pareilles à des monstres marins, élevant au-dessus de l'abîme leur tête houleuse ; poussées par l'ouragan et fouettant au loin une pluie scintillante, elles s'élancent en rugissant et battent comme un bélier les pentes des promontoires. Tantôt ce sont d'énormes avalanches qui s'abattent avec un bruit formidable sur l'écueil dressé comme une tour devant elles, et l'engloutissent sous leur masse. D'autres fois elles se glissent, sveltes et rapides comme un serpent, entre les gorges étroites des rochers, où elles pénètrent avec la violence d'un projectile et se brisent en éclatant comme une bombe.

Toute cette côte, la plus curieuse de la Bretagne, présente sans interruption le même spectacle de désolation et de grandeur. Le langage ne peut suffire à décrire tous ces bruits étranges, tous ces phénomènes du mouvement des ondes que semble animer une puissance invisible. Il faut avoir passé des heures au centre de cet horizon d'éternels gémissements; il faut avoir entendu ces hurlements de la rafale ; il faut avoir vu l'immense Océan, enveloppé d'un ciel sinistre, rouler sous le souffle de la tempête ses montagnes écumantes, pour pouvoir se rendre compte de tant

[1] Telle est, par exemple, au cap Saint-Mahé, près du Conquet, la violence des coups de vent du sud-ouest, qu'à cent cinquante pas au-dessus du niveau de la mer, on y est quelquefois couvert d'écume. C'est là que les amis, les mères, les épouses, les enfants se rendent pour assister au départ des vaisseaux qui sortent pour la guerre ou pour les courses éloignées. C'est là qu'on les attend, qu'on les salue, quand leur retour a été signalé. On les appelle, on les suit le long du rivage, on ne peut les perdre de vue : impatience, cris d'allégresse, mouchoirs agités dans les airs, inquiétude, battement de cœur, tous les genres de sentiments et d'émotions se manifestent sur ce rocher aride et sur ces routes momentanément animées.

de sauvages merveilles, pour que des mots puissent nous rappeler quelques traits de ces scènes grandioses, indescriptibles[1]. Témoin de ces menaces de nouveaux cataclysmes, on comprend mieux comment la mer irritée atteste toujours, dans son impétuosité la plus terrible, la puissance de Celui qui lui dit, au jour où il fit alliance avec la terre : « Tu viendras jusqu'ici!... Ici tu briseras l'orgueil de tes flots! »

Sans cette main qui la retient et modère sa rage, les continents seraient bientôt devenus le fond de nouveaux abîmes. Ces plages de l'Ouest largement ouvertes aux flots de l'Atlantique, sont incessamment assaillies. Les remparts de granit du Finistère opposent leur barrière à cette violence inouïe des lames qui accourent des extrémités de l'horizon, poussées par les vents en fureur. Le combat est rude; il dure depuis des siècles. Depuis des siècles, l'Océan déploie contre les obstacles que la nature a dressés devant lui, une puissance d'une force incalculable. Grain à grain il use les rochers, il creuse des cavernes, il ronge, il mine, il entame l'enceinte qui résistait à ses coups, il ouvre une brèche et finit par détacher du continent quelques rochers qui sont devenus Belle-Ile, Sein, Hœdic, Ouessant, etc.; ou bien il triomphe en creusant de nou-

---

[1] « Rien au monde, dit un brillant coloriste, ne peut rendre la majestueuse tristesse d'un pareil spectacle. C'est devant une de ces grandes baies solitaires que l'on comprend les longues existences des premiers chrétiens dans le désert. Il semble, au bruit solennel de cette mer, que votre âme s'associe à la sérieuse nature qui vous environne, qu'elle s'y mêle au point d'en faire partie; que ce cri plaintif de l'oiseau des grèves, ce murmure des vents et des flots, deviennent quelque chose de vous-même, une sorte d'émanation de votre être; une mystérieuse communication entre notre monde et je ne sais quel autre monde inconnu! Devant cette admirable image de l'infini, l'esprit s'élève et s'immobilise pour ainsi dire dans l'extase. »

velles baies dans l'intérieur des terres, et c'est ainsi sans doute qu'ont été formées celles de Brest, d'Audierne, de Douarnenez, et tant d'autres moins importantes que la mer a taillées en mille endroits sur la côte de Bretagne.

> .... Devant ce cap du monde,
> Dont la crête s'élève à trois cents pieds sur l'onde,
> Dans ces mornes courants, par le temps le meilleur,
> Nul ne passa jamais sans mal ou sans frayeur !
> En face, la voici, l'effroi de l'Armorique,
> L'Ile-des-Sept-Sommeils, Sein, l'île druidique,
> Si basse à l'horizon, qu'elle semble un radeau
> Entouré d'un millier de récifs à fleur d'eau.
> Ah ! demain, venez voir, entre la pointe et l'île,
> Les perfides courants briller comme de l'huile ;
> Venez voir bouillonner la mer, et, sur les rocs,
> Ouvrez encor l'oreille au grand bruit de ces chocs !
> L'épouvante est partout sur ce haut promontoire,
> Et chacun de ces noms dit assez son histoire.
> A gauche, ces rochers de la couleur du feu,
> C'est l'Enfer-de-Plô-Goff ; sur la droite, au milieu
> De ces dunes à pic, c'est l'exécrable baie,
> La Baie-des-Trépassés blanche comme la craie ;
> Son sable pâle est fait des ossements broyés,
> Et les bruits de ses bords sont les cris de noyés [1]...

Toutefois, si l'Océan a ses jours de colère, il a aussi, même sur les rivages les plus orageux, des jours de calme et tout resplendissants. S'il a des bruits effrayants, il a aussi de mélodieux murmures ; si parfois il soulève ses flots comme des montagnes, d'autres fois il déroule avec grâce, sur l'azur de ses plaines doucement émues, mille

---

[1] BRIZEUX. Voici un nom que nous citerons souvent.
> Ce nom que la fraîcheur ou la force accompagne
> Quand il s'agit d'aimer, de peindre la Bretagne ;
> Ce nom que la bruyère et les genêts fleuris
> Suivent de leurs parfums jusqu'au sein de Paris.

guirlandes pélagiennes, et déploie sur le sable nacré des grèves ses ondes mollement balancées... L'Océan, c'est un monde où tout est harmonie, où brillent dans l'éclat d'un beau jour comme dans le tumulte de l'orage, la puissance et la sagesse de Celui qui creusa ses abîmes et dans la main duquel il ne pèse pas plus, avec son immense cargaison de plantes et d'animaux marins, que le petit globule de rosée que l'aurore suspend comme un diamant à la pointe des herbes qui tapissent les vallons.

Sur ces rivages tourmentés dont nous essayions tout à l'heure de vous peindre les orages, une providence attentive a versé d'inépuisables trésors. Descendez dans ces prodigieux abîmes de l'Océan, dans ce milieu toujours mouvant, toujours poussant sa rumeur, immense empire que parcourent tant de races vagabondes. Parmi ces races, vous en remarquerez une, petite, obscure, pacifique, sociale, qui vient périodiquement chaque année s'engouffrer par légions innombrables dans la baie de Douarnenez : c'est la sardine, cette manne délectable du pauvre que ce port du Finistère distribue à presque toute la France.

> Les mers et leurs détroits, les golfes et leurs anses
> Reproduisent sans fin leurs peuplades immenses [1].

Huit à neuf cents bateaux, montés chacun par cinq ou six hommes, sont employés pendant la belle saison à la pêche de ce poisson précieux, et chaque barque ne rapporte pas moins de quinze à vingt mille sardines par jour. Il faut voir, le matin, partir toutes ces blanches flottilles,

[1] Delille.

semées sur la mer bleue, au soleil levant, et, le soir, assister au mouvement du port à l'heure où s'allument les lanternes et les flambeaux pour le travail du débarquement des sardines. C'est au mois de juin que la pêche en est la plus fructueuse. On l'évalue à deux millions de bénéfice annuel [1].

Ainsi, pendant qu'à pareille époque les mers du Nord se remplissent de millions de morues, de merluches, de colins, de merlans, elles envoient sur les côtes de Bretagne, par myriades, un petit poisson qui fait une de ses richesses dont le commerce s'empare et qu'il transporte jusqu'aux extrémités des continents. Quels admirables mouvements s'exécutent ainsi au temps des équinoxes dans le règne animal! Tandis que les oiseaux, fendant les airs en longues bandes, traversent les forêts, les montagnes et les mers, des hordes de poissons sillonnent le sein des ondes, s'élancent en corps d'armée comme pour envahir les continents, et apportent des nourritures abondantes aux habitants de la terre. Et, chose singulière et toute merveilleuse, dans cet itinéraire si constant, si régulier, chaque espèce semble se donner le mot pour se rassembler, pour choisir sans tumulte, les lieux qui lui sont favorables, y revenant chaque année. Qui pourrait ne pas reconnaître la main divine qui les conduit dans ces migrations à travers les mers,

---

[1] Deux appâts servent à la pêche de la sardine, le rogue ou frai de maquereau, qui se fait dans le pays même et le stockfisch de Norwège, composé d'œufs de morue salés et d'une forte odeur, apporté de Berg par les navires du Nordland. Les sardines sont friandes de ce dernier, aussi les voit-on, alléchées par l'odeur, s'élever en bataillons argentés du fond de la baie, se précipiter avec l'étourderie de la gourmandise sur les filets, se prendre dans les mailles par les ouïes et s'y débattre en frétillant. Au bout de quelques heures on démaille les sardines par milliers en secouant les filets au centre du bateau.

qui leur trace d'avance la route qu'ils doivent parcourir, et les ramène ensuite dans leurs antiques et profondes demeures, jusqu'à la saison prochaine?

Vous ne quitterez point ces parages sans aller visiter la belle église gothique de Ploaré, qui n'est qu'à quelques pas de Douarnenez. Du haut de son clocher on domine tout le pays de près de quatre cents pieds au-dessus du niveau de la mer. De ce point élevé l'œil embrasse douze cents villages éparpillés sur un amphithéâtre de rocs à perte de vue. Au milieu s'étend la baie, qui n'a pas moins de douze à quinze lieues de large en circonférence, sur une profondeur de sept à huit. C'est un des plus beaux panoramas agrestes et maritimes que l'on puisse contempler.

III

PAYSAGES. — LES MONTAGNES ET LES VALLÉES. — L'ELLÉ ET L'IZÔLE. — LE LÉONAIS

Nous avons dit le spectacle émouvant de la mer; la terre aussi a ses scènes qui touchent et remuent l'âme.

On a comparé la Bretagne à un tableau dont le fond est sombre, mais dont le cadre est d'or. En effet le centre de la province présente une suite d'éminences dont la principale chaîne porte le nom sinistre de Montagnes-Noires. C'est une vaste charpente, composée presque exclusivement de granit et de schistes, amoncellement de pierres décharnées, nudité presque absolue, lugubre monotonie, région couverte de landes stériles ou de rochers décomposés par le temps, où il ne croit qu'une herbe courte et chétive, incapable de suffire à la nourriture du troupeau affamé qui les parcourt. Tout prend, dans ces tristes parages, l'aspect d'un désert dont rien n'égaye ni ne varie la longue et fatigante uniformité.

Telle est sans doute l'impression qu'on reçoit à la première vue de cette nature désolée. Mais aux flancs de ces hautes collines sont creusés des vallons où coule une eau vive; il en descend mille ruisseaux qui se précipitent avec rapidité et ne tardent pas à former de nombreuses rivières, qui portent la fécondité dans les départements qu'elles traversent. On entend de tous côtés, dans ces vallées, le tic-tac des moulins, le rustique pipeau des bergers. Des sentiers raboteux sont suspendus sur d'affreux abimes; des habitations apparaissent çà et là, perchées sur la déclivité des pics comme des nids d'oiseaux de proie ; et telle est la hauteur des escarpements sur lesquels elles sont assises, que vous vous sentez pris de vertige quand le regard cherche à mesurer la profondeur qui s'ouvre sous vos pieds... « C'est là, dit Cambry, que je vous invite, justes admirateurs des grandes œuvres de Dieu, à aller de préférence par un temps d'orage, entendre la voix solennelle du Maître, et les épouvantables éclats de son tonnerre ! » Les orages y sont effroyables.

Un aimable et spirituel écrivain breton traversait, il y a quelques années, pendant la mauvaise saison, cette contrée sauvage. Remarquant la morne tristesse du paysage et la pauvre apparence de quelques toits de chaume qui se trouvaient sur son chemin, il songeait aux habitants de ces montagnes et se rappelait l'*O fortunatos* du chantre des *Géorgiques*, dont l'application lui paraissait difficile sous ce ciel d'hiver, au milieu de ces solitudes. « Et cependant, se disait-il, dans les temps orageux où nous vivons, j'estime encore heureux les habitants de ces modestes fermes. Le bruit des discordes publiques ne parvient pas jusqu'à eux. La langue même qu'ils parlent est leur sauvegarde, et ne permet pas au venin que distillent tant de bouches françaises d'infecter leurs âmes restées pures. Après les jours d'hiver, après les frimas et les pluies, le soleil printanier vient les réjouir. Il y a dans leur verger des pommiers qui se chargent de fleurs, des ruches d'où s'échappent joyeuses des milliers d'abeilles. Il y a des chants d'oiseaux et des nids dans les buissons; il y a de la verdure sur les prés, des fleurs d'or sur les genêts et de l'azur au ciel. La semence confiée à la terre jaillira avec vigueur, et le laboureur jouira de la patiente conquête remportée sur la lande que ses sueurs ont fertilisée. Bientôt l'été ramènera ces belles fêtes que la religion bénit, et dont on ne connaît plus dans les villes les joies innocentes. En attendant le réveil de la nature, ces braves gens aspirent du moins à pleins poumons l'air vif de la montagne; leur labeur journalier est moins rude, et, après tout, ils passent les plus mauvais jours autour du foyer de famille, dans le calme et la paix, étrangers à nos tristes querelles, à nos anxiétés incessantes, indifférents aux révolutions. Décidément leur sort n'est pas à plaindre, et je suis même tenté de l'envier[1]. »

Quoi qu'il en soit de ces compensations, si vous aimez les sites charmants, les frais et riants paysages, vous n'irez point les chercher au fond des Montagnes-Noires, mais vous en descendrez les pentes jusqu'à ces délicieuses campagnes qui se déroulent de tous côtés sous les yeux le long des rives de l'Izôle et de l'Ellé, doux noms qui rappellent les plus doux noms de l'Hellade.

> Vous reverrai-je encore, ô fleuve de l'Ellé,
> Vous, Izôle, où mon cœur est toujours rappelé !
> Eaux sombres de l'Ellé, claires eaux de l'Izôle,
> De vos bords enchantés je dirais chaque saule[2] !

C'est l'Arcadie avec ses mœurs antiques et simples, sa vie pastorale, son amour pour les chants et les plaisirs champêtres ; c'est Tempé aux sites si vantés par les poètes, où résonnent le murmure des eaux, le bourdonnement de l'abeille, les mugissements des troupeaux.

Les rivages de l'Ellé et de l'Izôle, tour à tour riants, déserts, sauvages, vous offrent à chaque pas les aspects les plus variés : c'est le joli bois de l'Abbaye, ce sont les hautes terrasses de Kéblin, d'épais bosquets de noisetiers, la forêt et le vieux château de Karnouët ; c'est l'abbaye de Saint-Maurice, dans une solitude profonde, où l'art et l'industrie surent, au milieu des bois et des roches, créer des jardins chargés de fruits. Ce sont mille caprices de la nature sur un fond de landes fleuries, de rochers pitto-

---

[1] *Esquisses*, par ALF. DE COURCY.
[2] BRIZEUX.

resques au sommet desquels on aperçoit la génisse immobile, ou la chèvre qui broute, dans l'escarpement, les pousses savoureuses des buissons...

Ce beau paysage vous fascine et vous ôte tout désir d'aller plus loin ; il vous prend envie de vous coucher dans l'herbe en fleurs, de vous asseoir sur la mousse, au pied des arbres, pour écouter le frémis des feuilles et le chant des oiseaux. Qu'il fait bon au sein de ces paisibles solitudes ! Comme ici l'on oublie le bruit des cités et leur atmosphère poudreuse !...

Mais écoutez ! écoutez !... Là bas, du côté de la forêt, n'entendez-vous pas les sons d'un hautbois qui vibrent, suaves, purs, éclatants, comme une voix humaine ?... C'est l'Homère du pays, le dernier écho des bardes de l'Armorique, c'est Mathurin l'aveugle qui revient de quelque *pardon*[1]. Comment s'arracher à cette terre enchantée ? Comment dire adieu à ce ciel, à ces champs, à ces bois, à ces vallons ?... Qu'il serait doux de se fixer sous l'ombrage de ces bosquets, de se cacher dans un coin de ces prairies, au bord de cette eau bleue où fleurissent les iris jaunes et les salicaires pourprées !... Doux rêves ! Vœux impuissants ! Espérances trompées !... Il faut nous éloigner... Achevons donc de traverser ce paradis terrestre, mais détournons les yeux et ne nous arrêtons plus[2].

---

[1] Fêtes patronales. Mathurin est mort en 1859. Il alla à Paris jouer des airs bretons dans un drame breton, *la Closerie des Genêts*. On voulut l'entendre à la cour du roi Louis-Philippe. *Voy.* la note III à la fin du volume.

[2] Quimperlé, au confluent de l'Ellé et de l'Izôle, a été bâti au lieu même où se trouvait jadis un bois druidique. On cite comme un collège de druides l'église souterraine de l'abbaye de Sainte-Croix, fondée en 550, par un roi breton de Cambrie nommé Guithieru, qui avait volontairement abdiqué. Au moment

Des bords charmants de l'Izôle, transportez-vous sur la côte septentrionale du même département, dans cette riche contrée du Léonais, toute découpée de vallées ombreuses, festonnée de rivières aux gracieux méandres, aux bruits mélodieux et réguliers, dont les eaux portent au loin dans les campagnes l'abondance et la fertilité. Rien de plus pittoresque, rien de plus frais que ces cantons. Partout d'élégantes villas, des bosquets, de vieux manoirs. Ce sont de tous côtés des masses de luxuriante végétation, des oasis de fleurs et d'ombrage au-dessus desquelles on voit monter la fumée des chaumières, ou poindre la flèche brodée d'un clocher de granit. Aucune autre partie de la Bretagne ne vous présentera plus de variété dans les aspects, plus de poésie et d'éclat dans la fraîcheur des campagnes, de plus opulentes feuillées, de plus riantes plages... Contrée bénie, couverte d'églises, de croix, de chapelles, on dirait que le ciel, touché de la présence de tant d'objets sacrés, se plaît à féconder votre sol, à y verser tous les trésors de sa rosée et de son bienfaisant soleil.

On ne donnerait pas une idée complète d'un paysage en Bretagne, si l'on oubliait dans la description ces riches tapis de sarrasin qui s'étendent derrière les hautes clôtures de coudriers et de chèvrefeuilles. Nous ne connaissons rien qui annonce mieux la fécondité et la richesse que ces champs de blé noir à la tige de corail, à la fleur de neige,

---

où nous traçons ces lignes, nous apprenons que cette belle église, qui était en restauration, vient de s'écrouler.

En 808, Charlemagne fit marcher une armée contre les Bretons armoricains ; il campa sur les bords de l'Ellé. Il disait, après avoir livré quatre batailles en Bretagne : « S'il me faut donner la cinquième, il ne me restera plus de soldats. »

plantés de grands pommiers chargés de fruits, exhalant au loin la douce senteur du miel, et animés par le vague murmure des abeilles qui viennent y butiner tout le jour. Nous n'oublierons jamais les heures délicieuses que nous avons passées dans notre jeunesse, assis un livre à la main, sur l'orée de ces champs embaumés, prêtant l'oreille aux cris des pâtres dans la colline et aux sauvages modulations de leurs flûtes de sureau, goûtant avec ivresse l'ombre et la fraîcheur durant les plus splendides soleils de l'été, au milieu des plus suaves tableaux de la nature.

Le sarrasin est originaire de l'Asie. Transporté en Afrique, il a été introduit en Europe par les Maures d'Espagne, dont on lui a conservé le nom.

> Ah ! que la sombre nue aux funestes lueurs,
> Planant sur la campagne,
> Épargne les blés-noirs, les blés aux blanches fleurs,
> Ce pain de la Bretagne [1].

Puisque nous parcourons cette riante contrée du Léonais, poussons jusqu'à la mer, allons saluer l'Atlantique à l'extrémité occidentale du Finistère. Quelle vue de l'Océan ! Comme elle est belle, dans les rayons empourprés du couchant, cette couronne brumeuse de rochers qui se déroule à l'horizon ! Debout sur la pointe d'un promontoire, appuyé contre un monument celtique, les yeux fixés sur la mer immense, ne sentez-vous pas votre âme s'élever, votre esprit s'agrandir, les blessures de votre cœur se cicatriser ? La vie du monde ne vous paraît-elle pas bien étroite, la

[1] Stéphane Halgan.

société bien petite avec ses futiles préoccupations, en face de cette eau et de ce ciel ? Placé ainsi entre l'immensité à vos pieds et l'immensité au-dessus de votre tête, que ce doit être peu de chose à vos yeux que ce mouvement et ce bruit qui se fait derrière vous dans la vie ! Qui pourrait encore s'occuper du monde, prêter l'oreille à son stérile fracas, quand on entend la voix de Dieu, solennelle et calme, résonner dans les soupirs de l'Océan ?

IV

SOUVENIRS DES BORDS DE LA RANCE. — DINAN. — CHATEAU-BRIAND. — LE CHATEAU DE LA GARAYE

Je ne vous oublierai point, délicieuse vallée que baigne la Rance, cette perle des rivières bretonnes. C'est dans les sentiers tracés sur vos coteaux, parmi les roches mousseuses et sous l'ombrage des bois qui garnissent vos pentes, que les beautés de la nature se révélèrent à moi avec leurs plus doux charmes. Jeune adolescent, venu à Dinan pour y poursuivre mes études, mais oubliant le thème pour l'amour des beaux sites, je passais quelquefois les journées entières à parcourir les escarpements si pittoresques qui environnent cette ville. Dans mes courses vagabondes, je voulais m'asseoir sur toutes les roches, jouir de tous les points de vue, qui variaient à chaque pas. Je me blotissais avec une joie enfantine dans chaque recoin ignoré, tapissé de mousses fines, entre deux pierres grisâtres, où mon arrivée effarouchait les lézards, populations autochtones de l'endroit dont j'envahissais la place au soleil. Je causais avec les petites fleurs que je trouvais abritées dans ces retraites solitaires, avec l'oiseau triste ou joyeux, ou l'insecte bourdonnant, qui passaient cherchant aventure. Il fallait si peu de chose pour occuper ma rêverie ! C'était le nuage qui flottait à l'horizon, le jeune pâtre qui chantait au loin, le promeneur qui suivait le sentier des prairies, le batelier qui glissait sur les eaux. Puis j'admirais les grosses tours, les hauts et puissants remparts granitiques de la ville féodale qui se dressait devant moi avec ses flèches aériennes, d'où s'échappaient de joyeuses sonneries... Heures fortunées, dont le souvenir m'est resté si doux, où l'eau qui coule, le soleil qui luit, la fleur qui s'ouvre, l'arbre qui se balance, l'oiseau qui chante, suffisent pour remplir nos moments et faire le charme de notre vie !

Passionné pour la lecture, j'emportais toujours avec moi quelque livre de mon goût, que mon professeur me prêtait. C'est parmi ces rochers et ces ombrages des coteaux de la Rance que je lus, un été, avec un charme infini, l'*Itinéraire de Paris à Jérusalem*. Ces pages brillantes me transportaient sur le théâtre où s'étaient accomplis les grands mouvements de l'humanité, dans les contrées pleines des plus beaux souvenirs de l'antiquité profane et sacrée. Je ne pourrais dire à quel point cette lecture exaltait ma sensibilité et mon imagination. Aussi, quand venait le soir, au moment de quitter ma solitude, rien n'égalait la féerie de mes songes à l'aspect des lointains horizons, tout embrasés des feux du soleil couchant. J'imaginais alors des cités de rubis et de saphir dans les perspectives lumineuses, et je bâtissais des Jérusalem célestes dans la splendeur des nuages confusément répandus au fond du radieux occident. Peu à peu les magiques apparitions s'effaçaient, et l'ombre mystérieuse du crépuscule s'étendait comme un long voile sur la nature. Je rentrais, recueilli et pensif, par la longue rue qui me conduisait chez mon hôte. Je marchais le long des vieux porches sous lesquels causaient, en prenant le frais, les paisibles habitants de la cité encore toute empreinte du moyen âge. Neuf heures sonnaient à la *Tour de l'Horloge ;* je prenais mon frugal repas du soir, puis je m'endormais d'un sommeil tranquille, rêvant encore de collines fleuries et de prairies embaumées.

Parler de Chateaubriand, c'est toujours parler de la Bretagne : n'est-il pas un de ses enfants les plus illustres? Grâce donc si je reviens encore un moment à mon auteur bien-aimé.

La lecture de l'*Itinéraire* produisit sur moi une véritable fascination. On me disait que son célèbre auteur avait étudié dans ce même collège, s'était assis sur ces mêmes bancs; on me parlait de Saint-Malo, où il était né; de Combourg, où il avait passé son enfance; de sa renommée, qui était déjà de la gloire... C'était un compatriote, un Breton du voisinage... Tout cela remuait mon imagination. Je n'eus point de repos que je ne m'eusse procuré un exemplaire du *Génie du Christianisme*. Lorsque je me vis en possession de cet ouvrage, ma joie alla jusqu'à l'ivresse. Il y avait des pages que je relisais cent fois, je les savais par cœur, et je ne me lassais point de les répéter comme un chant d'un charme inexprimable. Je puis bien le redire avec M. Guizot, qui, du reste, ne fait qu'exprimer ce qu'ont éprouvé tous les poètes et tous les écrivains contemporains :

« J'admirais passionnément M. de Chateaubriand, idées et langage : ce beau mélange de sentiment religieux, de poésie et de polémique morale, m'avait puissamment ému et conquis. »

Que la religion m'apparaissait belle dans ces pages d'un coloris si brillant, dans ces tableaux d'une solennelle poésie, dans ces descriptions du culte chrétien, qui transportaient mon esprit et mon cœur jusqu'à l'enthousiasme! Vienne l'*ennemi* plus tard avec ses nuages et ses obscurcissements, il ne parviendra pas à effacer ces premières impressions, à flétrir ces fleurs dont on a respiré le parfum céleste, et l'on ressentira toujours cette heureuse influence sous laquelle se trouvait sans doute M. Michelet quand il écrivait ces lignes :

« Faisons les fiers tant que nous voudrons, philosophes et raisonneurs que nous sommes aujourd'hui ; mais qui de nous, parmi les agitations du mouvement moderne, ou dans les captivités volontaires de l'étude, dans ses âpres et solitaires poursuites, qui de nous entend sans émotion le bruit de ces belles fêtes chrétiennes, la voix touchante des cloches et comme leur doux reproche maternel?... Qui voit sans les envier ces fidèles qui sortent à flots de l'église, qui reviennent de la Table divine rajeunis et renouvelés?... L'esprit reste ferme, mais l'âme est bien triste... Le croyant de l'avenir, qui n'en tient pas moins de cœur au passé, pose alors la plume et ferme le livre, il ne peut s'empêcher de dire : « Ah! que ne suis-je avec eux, un des leurs, et le plus simple, le moindre de ses enfants [1] ! »

Le plus brillant génie du siècle, le glorieux fils de la Bretagne n'est plus. L'auteur du *Génie du Christianisme* est mort, les lèvres collées sur l'image du Christ, avec toutes les consolations d'une religion dont son incomparable talent avait célébré toutes les beautés et les grandeurs. Obscur pèlerin, mais l'âme pénétrée d'une tendre et profonde sympathie, j'ai été naguère visiter la tombe où repose, au murmure solennelle des mille voix de l'Océan qui saluèrent aussi son berceau, le grand écrivain dont les ouvrages firent les délices de ma jeunesse. « Il n'est pas de plus poétique tombeau : adossé au vieux monde, il regarde le nouveau ; il a sous lui l'immense mer, et les vaisseaux passent à ses pieds ; point de fleurs, point d'herbe alentour, pas d'autre bruit que le bruit de la mer incessamment remuante, qui dans les tempêtes, couvre cette pierre nue de l'écume de ses flots. » Appuyé contre la grille de fer qui protège le monument et la simple croix de granit qui le surmonte, je rêvai longtemps au néant de l'homme et à la vanité de la gloire qu'il poursuit ; devant moi la mer déroulait ses immenses perspectives, et les eaux de la Rance, calmes et

---

[1] *Hist. de France*, t. V, p. 245.

bleues, venaient baigner la grève au pied du Grand-Bé [1], et me rappelaient des souvenirs déjà lointains...

Prêt à descendre de l'îlot funèbre, d'une voix émue je murmurai ces mots :

« Adieu, Chateaubriand ! Dors en paix, dors heureux dans ton étroite demeure après une orageuse vie !... Le jour même où tu naquis, ta mère, dit-on, venue au sommet de ce rocher pour contempler la plage, te sentit tressaillir dans son sein... Ainsi déjà tu préludais à cette destinée qui fit de ton âme un éloquent reflet des splendeurs de la création, et aussi, hélas ! des troubles et des tristesses du cœur, cet autre abîme insondable, tumultueux comme l'Océan aux bruits duquel tu mêlas tes premiers pleurs... »

Je n'ai pu être ramené par la pensée dans des lieux où j'ai passé de si délicieuses journées, dans mon adolescence, ni prononcer le nom de Chateaubriand, une des gloires de mon pays, sans leur adresser ce salut mélancolique qu'on adresse à tous ces souvenirs enchantés du premier âge qui nous suivent à travers la vie.

Maintenant, lecteur, je voudrais parcourir avec vous ces campagnes qui environnent Dinan, couvertes de magnifiques cultures, ces labyrinthes de vallées pleines de mystérieux détours où l'on aime à s'égarer, ces grands bois de châtaigniers, ces coteaux aux pentes si agrestes, animés par les troupeaux qui y paissent l'herbe abondante et s'y reposent à l'ombre des vieux chênes, égayés tout le jour par les jeux des bergers et par les airs de leurs naïves chansons.

---

[1] Prédestination singulière : le nom de ce rocher signifie la Grande-Tombe, du breton *bez* ou *bé*, tombeau.

Dans les beaux jours du mois de juin, souvent je devançais le lever du soleil pour parcourir ces sites enchantés et jouir de ces heures matinales où la terre semble tressaillir d'une joie nouvelle sous les bénédictions d'un ciel propice qui lui verse tous les trésors de la fécondité.

> « L'aube pointait, la terre était humide et blanche,
> La sève, en fermentant, sortait de chaque branche,
> L'araignée étendait ses fils dans les sentiers,
> Et ses toiles d'argent au-dessus des landiers :
> Première heure du jour, lorsque, sur la colline,
> La fleur lève vers toi sa tige verte et fine,
> Que mille bruits confus se répondent dans l'air,
> Et que vers l'Orient le ciel devient plus clair,
> Heure mélodieuse, odorante et vermeille,
> Première heure du jour, tu n'as point de pareille! »

On sait quel rôle jouent dans la vie de l'homme l'influence des horizons et le milieu champêtre dans lequel s'écoula notre première jeunesse. C'est là que l'âme, par un travail tout intime, et comme à son insu, puise et s'approprie ces images, ces bruits, ces lumières, ces ombres, toutes ces harmonies qui viennent se refléter dans notre pensée et se mouler dans notre cœur. Cette union des puissances de notre âme avec les phénomènes du monde matériel, qui nous environnent et nous pénètrent de toute part, est une loi du Créateur. L'homme, par ses aspirations, par ses relations sympathiques avec les œuvres de Dieu, en devient l'interprète; il est le prêtre qui porte leur hommage et leur encens aux pieds de Celui qui les fit; par lui la montagne a une voix, la fleur des vallées une prière, la nature entière un accent pour glorifier son auteur.

Remontons la vallée de la Rance vers le sud, et gravissons le sentier de cette colline escarpée qui s'élève devant nous ; il nous conduit au sommet du *Mont-Parnasse*, d'où la vue embrasse le plus poétique horizon : les eaux de la Rance qui coule à vos pieds, des ruines éparses, des rochers, des cascades, des moulins, des bosquets, de fraîches villas, tout est là groupé pour le plaisir des yeux par la main des Muses, dont cette riante colline rappelle le classique souvenir.

Un peu plus loin, voilà Lebon avec les ruines de son château, antérieur au xe siècle. Cerné d'épaisses murailles et flanqué de huit tours avec un donjon aux jours de sa prospérité, il s'élevait sur un monticule isolé. De sa plate-forme on jouit d'un point de vue enchanteur. D'un côté, les yeux se reposent avec délices sur de vertes prairies, sur des bois dont la lumière du jour perce avec peine la sombre profondeur, sur les pins gigantesques qui forment un si beau massif de verdure autour du château de Chêne-Ferron, placé au milieu d'un ravissant paysage. De l'autre côté, on admire les rochers escarpés qui dominent le cours de la Rance, et les ruines saintes d'une vieille abbaye fondée par Nominoé, duc de Bretagne, en 850.

Voyez ce qu'ont fait ici, comme partout, les siècles et la fureur des hommes, plus destructive encore que la main du temps... L'herbe croît maintenant dans le parvis du religieux monument ; le lierre balance ses tristes guirlandes sur les murs à moitié écroulés, et les pâles capillaires poussent dans la tombe béante de Beaumanoir... Beaumanoir ! voilà un noble nom de Bretagne. C'est celui du chef qui commandait les Bretons au combat des Trente.

Beaumanoir! à ce nom de glorieux prodiges
Des siècles écoulés réveillent les prestiges :
La pierre des tombeaux a paru se mouvoir,
Et des Trente Bretons les clameurs belliqueuses
Semblent répondre encor, sous ces voûtes fameuses,
　　A ce grand nom de Beaumanoir [1]. !

De quelque côté que vous dirigiez votre promenade autour de la cité de du Guesclin [2], vous y jouirez des plus riantes perspectives.

Allez au nord, vous y trouverez un chemin tracé sous des tilleuls ; il serpente au travers des vergers et mène à la fontaine des eaux minérales. Il est digne de servir d'avenue au vallon charmant dans lequel se trouve la source bienfaisante ; mais qui pourrait décrire dignement ce lieu, où la nature a déployé toutes ses grâces ! Quelle suavité de pinceau ne faudrait-il pas pour retracer convenablement les beautés de cette jolie colline, dont le sentier sinueux, bordé de charmilles et ombragé de tilleuls, de mélèzes et de sycomores, se replie gracieusement au milieu des touffes de rosiers et sous les longs festons du chèvrefeuille qui grimpe au sommet des arbres, descend un instant sur vos têtes, puis de nouveau s'élance dans les airs qu'il embaume de ses parfums ! Et au fond du vallon, qu'il est mélancolique, ce silence qui n'est interrompu que par

---

[1] M. Aubry, de Dinan.
[2] Bertrand du Guesclin, dont le nom domine toute la Bretagne, est né à quelques lieues de Dinan. C'est sur la place de cette ville qu'il terrassa son redoutable et perfide adversaire, l'Anglais Cantorbery. Il a une statue sur cette place, et, dans l'église de Saint-Sauveur, un monument sépulcral qui renferme son cœur. Son casque est au musée de la même ville avec la giberne de la Tour d'Auvergne, le premier grenadier de France, et les pantoufles de la reine Anne, toujours appelée par les Bretons la *bonne Duchesse*.

le murmure de la brise qui agite mollement la cime des grands ormeaux, ou qui, frémissante, creuse en légers sillons la surface du ruisseau qui court sur son lit de cailloux, et par le mugissement de la cascade qui tombe en bouillonnant sur son lit de rochers, qu'elle blanchit d'écume! Qu'elles sont fraîches et verdoyantes les prairies qui serpentent à la base de ces collines couronnées de sombres masses de verdure et hérissées d'énormes rochers granitiques qui dominent de toutes parts cette délicieuse vallée [1]!

Nous épuiserions toutes les formules du langage pour redire les prodigalités de cette brillante nature; nous n'y pourrions suffire. Maintenant donc embarquez-vous sur la Rance pour Saint-Malo; mais si vous avez été initié à l'art du dessin, prenez un bateau à votre compte pour faire ce voyage; car vous ne résisterez point à la tentation de vous arrêter vingt fois pour confier à votre *Album* les plus délicieux points de vue dont la nature se soit plu à embellir le cours d'une rivière...

Mais non, ne partez pas encore. Il y a dans cette contrée aimée du Ciel autre chose à admirer que des eaux, des bois, des rochers, des vallons. On voit non loin de

---

[1] Voy. l'*Annuaire Dinannais*. — On peut supposer, non sans vraisemblance, que c'est des rochers granitiques dont nous venons de parler qu'a été détaché, lors de la première invasion des Celtes, le beau menhir de dix mètres de hauteur que l'on voit au milieu d'un champ, à la Tremblaye, dans la commune de Saint-Samson, à quelques kilomètres de Dinan.

Je me souviens encore de mon extrême surprise lorsque, dans une de mes courses d'écolier, j'aperçus tout à coup, par-dessus un buisson, cette superbe pierre, debout et solitaire au milieu d'un terrain cultivé. Je m'en approchai avec une curiosité inquiète, et je restai longtemps immobile et stupéfait devant cette masse colossale. J'interrogeais tout le monde sur le monument étrange, mais on ne me répondait qu'en balbutiant. L'interprétation des menhirs n'est guère plus avancée aujourd'hui.

Dinan une ruine qui fut, il y a un siècle, la demeure élégante d'une noble famille, ruine chère et sacrée, à laquelle vous devez un hommage; car elle rappelle tout ce que la vertu, la bienfaisance, la charité chrétienne ont jamais eu de plus touchant; nous voulons parler du château de la Garaye. Ses derniers habitants ont été le comte Marot de la Garaye et son épouse, née de la Motte-Picquet[1].

Dans les premiers temps de leur union, les fêtes somptueuses, la chasse, les bals, la comédie, tous les plaisirs que le monde recherche, se succédèrent sans interruption au château de la Garaye. Mais il vint un jour où le malheur frappa à la porte de ce palais, qui n'avait retenti jusque-là que des chants du plaisir. Des accidents graves, des maladies et la mort de personnes chères, plongèrent M. et Mme de la Garaye dans le deuil. La nuit où un pauvre religieux priait agenouillé auprès du cercueil qui renfermait le corps de M. de Pontbriand, beau-frère de M. de la Garaye, celui-ci, frappé de l'air calme du religieux, s'écria dans son désespoir:

— Ah! mon Père, que vous êtes heureux de ne plus rien aimer sur la terre!

— Vous vous trompez, mon fils, répondit le religieux d'une voix émue, j'aime tous ceux qui souffrent; mais je me soumets aux volontés de Dieu, et à chaque coup qu'il frappe je courbe la tête avec résignation.

De ce moment commence pour M. et Mme de la Garaye une vie nouvelle. M. de la Garaye part pour Paris, où il

---

[1] Tante de ce la Motte-Picquet qui fut, au siècle dernier, l'un des officiers les plus distingués qu'ait possédés la marine française.

passe deux ans à étudier la médecine; puis il revient à son château, qu'il transforme en un vaste hôpital. Cinq médecins y sont attachés; une chapelle est construite pour la commodité des malades, et le chenil devient un laboratoire de chimie. Mme de la Garaye se fait elle-même sœur de charité, soigne les malades de ses propres mains, et leur prodigue des consolations jusqu'à son dernier jour.

Le bruit des vertus et des bonnes œuvres de M. et de Mme de la Garaye parvint jusqu'au roi Louis XV, qui leur

FIGURE 1. — Ruines du château de la Garaye.

fit remettre des sommes considérables. Le vertueux abbé Carron a publié leur histoire sous le titre : *Les Époux charitables*. Mme de Genlis a célébré leur admirable dévouement dans un touchant épisode de son ouvrage *Adèle et Théodore*, où elle propose le comte de la Garaye pour modèle à son royal élève, le duc d'Orléans, depuis roi de France.

Morts dans un âge avancé, les deux époux furent, suivant leur vœu, inhumés dans le cimetière de Taden, leur paroisse, parmi les tombes des pauvres qu'ils avaient secourus. Plus tard la reconnaissance publique voulut consacrer leur mémoire par l'érection d'un mausolée en marbre blanc. La révolution l'a brisé et en a dispersé les débris.

Ruines de la Garaye, de quelle mélancolie votre aspect saisit mon cœur, lorsque, bien jeune encore, j'entendis raconter votre histoire au milieu même des décombres qui jonchent le sol! C'était sur le déclin d'une journée de novembre. Un pâle soleil tombait par intervalle sur les vieux pans de mur encore debout. De temps en temps il s'élevait autour de nous un faible murmure: c'était le vent du nord qui passait dans la cime des arbres, dont il jetait les dernières feuilles sur les herbes flétries et sur les buissons sauvages qui croissent de toutes parts dans ces lieux abandonnés. Mon imagination repeuplait ces salles, ces cours, ces jardins, ces grands bois, et je croyais encore entendre les joyeux accents du plaisir; puis le bruit des sanglots, puis des hymnes de bénédiction et des chants d'espérance dans l'asile de la piété et de la charité, ces anges du ciel chargés de consoler la terre.

V

ARCHÉOLOGIE. — LES VILLES RUINÉES. — IMPRESSIONS

Parmi les travaux qui distinguent notre siècle, il n'en est point de plus intéressants, de plus remarquables que les études archéologiques. Elles ont pris, depuis cinquante ans surtout, un développement immense. Les esprits graves ont trouvé un charme irrésistible à reconstituer le passé, à rechercher l'origine des arts, à en suivre les progrès, à décrire les anciens monuments, à retrouver à l'aide des médailles la suite des souverains ou des événements qu'elles rappellent, à étudier ce moyen âge si riche en institutions et en œuvres inspirées par une foi puissante et par les convictions qui accomplissent les grandes choses.

Ces recherches, qu'aucune difficulté n'arrête, qu'aucun obstacle ne décourage, ne sont pas un simple objet de curiosité ; elles se lient intimement à toutes les branches de l'histoire, à toutes les sciences, dont elles appellent les secours, et qu'à leur tour elles fécondent. Ces études élèvent l'âme en montrant la fragilité de tout ce qui touche à l'humanité et le peu de traces qu'ont laissées nos devanciers lorsqu'on remonte au delà de quelques milliers d'années. Trois ou quatre mille ans ! qu'est-ce dans l'histoire du monde ? C'est tout pourtant dans les souvenirs des hommes.

Ce passé, quoique relativement si près de nous, ne nous

apparaît qu'enveloppé de nuages. Qui soulèvera le voile qui le cache à nos yeux? Chacun s'efforce d'apporter la lumière et d'éclaircir ce qui est obscur. C'est ainsi qu'on est parvenu à dérober leurs secrets aux hiéroglyphes des pyramides d'Égypte comme aux monuments runiques des races hyperboréennes. Bientôt Ninive nous livrera les mystères de ses inscriptions cunéiformes, et l'histoire contemporaine des patriarches et des prophètes s'éclairera d'un nouveau jour.

Dans ce champ immense de l'archéologie, chacun choisit pour ses explorations le terrain qui convient à ses goûts et à sa capacité. L'un étudie les monuments et l'histoire de sa localité : c'est une église, un château, une abbaye ; l'autre a des vues plus larges, il embrasse un plus vaste horizon, il s'attache à l'histoire de la race humaine, aux migrations, aux transformations des peuples ; il recherche à quel degré de civilisation ces peuples étaient parvenus, l'influence qu'ils ont exercée sur les autres nations du globe, les institutions religieuses ou sociales qu'ils avaient fondées. Ce sont ces hautes études qui deviennent la base de ce qu'on appelle la philosophie de l'histoire, qui n'est autre chose au fond que l'histoire de l'action providentielle de Dieu dans les sociétés humaines.

Eh bien donc, si vous êtes antiquaire, si vous aimez à vous occuper des ruines, des monuments des vieux âges, vous en trouverez à chaque pas en Bretagne, et de toutes les époques, depuis les pierres celtiques qui ont donné lieu de nos jours à tant de systèmes, jusqu'aux ruines romaines, jusqu'aux ruines si nombreuses du moyen âge, jusqu'à celles plus nombreuses encore qu'a faites, sur cette terre sacrée, la révolution française, dont le génie satanique était si essentiellement destructeur. Vous trouverez aujourd'hui dans presque toutes les villes de province des musées archéologiques. Partout le goût et l'étude des antiquités se répandent, et portent à recueillir de tous côtés les objets qui présentent quelque intérêt historique et artistique. Les cabinets particuliers, les châteaux mêmes, rivalisent avec les musées des villes, et possèdent quelquefois des collections très remarquables.

Il y a des esprits étroits et vulgaires qui passent avec dédain devant ces collections. Ils n'en comprennent pas l'importance. Ils ne voient pas que c'est au moyen des objets qu'elles renferment, que l'on peut connaître, apprécier une époque, juger de ses mœurs, de ses usages, de son degré de culture intellectuelle, de sa civilisation. N'est-ce pas avec de telles données, avec ces matériaux, ces débris et les travaux, les documents auxquels donne lieu leur étude, que l'on peut écrire l'histoire, éclaircir un point obscur, résoudre un problème, rectifier une erreur accréditée ? Il y a dans ces recherches archéologiques un mouvement qu'on ne peut voir sans émotion, qui a été et qui continuera d'être fécond en découvertes précieuses [1]. Sous ce rapport, la Bretagne possède de nombreux et infatigables pionniers. Mais aussi quel pays est plus riche en anti-

---

[1] L'archéologie est aujourd'hui en grande faveur, non-seulement en France, mais en Angleterre et en Allemagne ; et ce n'est pas sans raison, puisqu'elle est l'une des faces les plus intéressantes et les plus utiles de la science historique. Le clergé lui-même a déjà produit plus d'une célébrité dans ce genre d'étude (M. l'abbé Bourassé, en Touraine, M. l'abbé Cochet, en Normandie, etc.). Plus de vingt séminaires ont aujourd'hui des cours d'archéologie.

quités ? Sur quels rivages trouve-t-on plus de villes ruinées, et plus de décombres sur les déclivités des collines ?

Il fut un temps où cette belle vallée dinannaise, que nous visitions tout à l'heure, recevait le mouvement et la vie d'une cité opulente, située dans son voisinage, Corseul, l'antique capitale des Curiosolites, assise sur le penchant d'une colline.

M. Gagon a trouvé à Corseul des médailles en bronze représentant un guerrier armé et portant pour légende : *Civitas Curiosolitorum* (Cité des Curiosolites). Il y avait donc une monnaie qui avait exclusivement cours sur ce territoire. Parmi les médailles qu'on y a découvertes au nombre de plus de deux mille, il y en a de gothiques, de grecques et de romaines. Ces dernières remontent à la conquête de César, et finissent au règne de Constantin III. On a extrait du sol des statuettes en bronze de Harpocrate, de Mercure, de Vénus, de Diane, de Cupidon, etc. On a aussi découvert une jolie *romaine* (instrument à peser), des vases de formes variées, un bouclier rond en bronze un peu bombé, représentant une tête hideuse entourée des éclats de la foudre; enfin un sceau d'or, pesant plus d'une once, en forme d'anneau à la chevalière, monté d'un beau lapis ovale sur lequel sont représentés deux guerriers; des *celtæ*, des ustensiles de ménage, des ruines revêtues de stuc aux couleurs brillantes. Dans un espace d'une lieue carrée environ, on découvre des fragments de voies romaines, des bornes milliaires, des restes de constructions grandioses, des débris de murs se croisant dans tous les sens, des fortifications en briques, des traces d'enceintes.

quatre pans d'un monument octogone qu'on croit avoir été un temple dédié à Mars, des fragments de poteries, une prodigieuse quantité de tuiles, des urnes, des sphinx en granit, des inscriptions funéraires, etc. : monuments irrécusables qui attestent que là vécût une population nombreuse, civilisée, dont quinze siècles recouvrent les cendres [1].

Transportez-vous sur la grève, à l'embouchure de l'Aber-Vrac'h (Havre-des-Cailloux), dans ce beau pays de Léon, dont je vous ai déjà entretenus ; c'est ici que s'élevait l'une des plus opulentes villes de l'Armorique. Cette plaine unie que la mer vient d'abandonner fut autrefois couverte d'édifices. Le murmure du peuple, les cris des marchands, le bruit des chariots, les appels des marins ont retenti sur cette plage, où la mer seule fait entendre maintenant son murmure monotone et solennel. Sous ce linceul de sable dorment les débris de la Tyr armoricaine, là fut la ville du *détroit de Hent*, Tolente, dont les vaisseaux couvraient l'Océan. C'était la cité la plus commerçante de toute l'Armorique ; elle avait ses rois. Pillée et détruite par les Normands en 875, elle a été recouverte par les flots, qui ont envahi la place qu'elle occupait, et l'on cherche en vain, dit M. Kerdanet, Tolente dans Tolente elle-même.

Ce n'est pas la seule ville qui ait disparu sur ces rivages. A une lieue et demie de Lesneven, M. Miorcec de Kerdanet a découvert en 1829 l'antique ville d'Occismor. La route même qui y conduit était remarquable, il y a encore quelques années, par des pavés, des trottoirs, des débris de colonnes

---

[1] Dans un rayon de quelques lieues autour de Lamballe, appartenant comme Corseul à l'ancien pays des Curiosolites, la plupart des communes offrent des antiquités gauloises ou druidiques et romaines.

milliaires. M. Kerdanet s'assura par des fouilles que, dans un rayon d'une lieue, il n'existait pas un seul petit espace qui ne fût rempli de débris de briques. Il trouva en outre des fragments de vases antiques ornés de fleurs et de guirlandes. Ici des restes d'édifices, une maison élégante avec son petit jardin, les vestiges d'un hôtel avec son corps de logis et ses ailes latérales. Là l'emplacement du temple de la cité, près de la fontaine d'Icol (*Ar-Coz-Ilis*, l'église maudite ou païenne). Plus loin le cimetière d'Occismor, où M. de Kerdanet trouva en un seul jour, le 8 mai 1829, vingt-neuf urnes remplies de cendres et d'ossements, toutes de fabrique romaine. On en déterra une en verre très épais assez semblable aux globes de nos lampes. Les habitants de l'endroit disent que l'on y trouve souvent des débris de vase en bronze couverts de caractères et de figures, des médailles, des haches, des épées, des patères, des bagues, des chaînes, des bracelets. Ils nomment cette ville *Oc'h-ar-mor* (proche la mer), nom évidemment identique avec celui d'Occismor. Tout démontre que c'était une ville romaine qui fut sans doute détruite en 409, lorsque les Armoricains se soulevèrent contre les préfets et s'établirent en république[1].

Parmi ces villes ruinées, il en est une qui porte un nom

---

[1] Nous ne devons pas oublier toutefois parmi les découvertes récentes de ruines romaines faites en Bretagne, celle que l'on doit aux recherches de M. le docteur Fouquet. Cet habile explorateur a découvert, en 1853, au milieu du bourg communal de Locmariaker, une habitation gallo-romaine sur laquelle il a adressé à la Société polymathique du Morbihan deux rapports dont il a publié un extrait chez Gauderan, libraire à Vannes. Ce travail, modèle de méthode et de clarté, contient le dessin d'une pièce de monnaie romaine trouvée dans ces ruines; elle est de Magnence, tyran des Gaules, et ferait remonter la fondation de l'édifice romain de Locmariaker au milieu du IVe siècle.

mystérieux, c'est IS, capitale d'un État puissant mais *tout absorbé en luxe, débauches et vanités*, et en punition de ses crimes, ensevelie depuis une époque qu'on ne précise point, sous les flots de la vaste baie de Douarnenez.

Les circonstances du récit légendaire portent à croire que la tradition diluvienne a été confondue, dans l'Armorique, avec quelque catastrophe locale dans laquelle les habitants de la contrée périrent à cause de leur corruption, à l'exception de leur pieux souverain. Les Celtes des îles Britanniques citent jusqu'à six villes qui ont ainsi été submergées.

Il est, sur cette côte maudite, des noms sinistres qui reviennent continuellement dans les récits des habitants: c'est *Poul-Dahut* (l'abime de Dahut), ou fut précipitée la fille du roi d'Is; c'est l'*Enfer* de Plôgoff, chaos de rochers où la mer s'engouffre avec des clameurs qui font frissonner les plus hardis matelots; c'est la *Baie-des-Trépassés*, où viennent échouer les débris des navires et les cadavres des naufragés. On y entend la nuit comme des sanglots qui s'élèvent des récifs, et l'on voit glisser dans l'ombre, le long du rivage, de lugubres oiseaux qui poussent des cris plaintifs pareils à des gémissements d'hommes qui se noient. Dans un jour de tempête, quoique élévé de deux cent cinquante pieds au-dessus de la mer, le *Bec-de Raz* semble à chaque instant s'engloutir dans les flots. La terre frémit sous vos pieds; une écume salée vous couvre, et les hurlements de la mer dans les cavernes des rochers vous jettent dans la stupeur.

Ces lieux, théâtre de tant de scènes saisissantes, paraissent avoir frappé de toute antiquité l'imagination des hommes. Claudien, écho des traditions de son temps, y fait voyager Ulysse, et emploie pour en parler les mêmes images funèbres ou terribles avec lesquelles on les décrit encore aujourd'hui. Ce sont, dans le poète, comme de faibles gémissements d'ombres errantes, ou des plaintes lamentables..., puis des figures de morts, des spectres, de pâles fantômes, qui passent dans l'ombre... le soleil voile ses rayons, le ciel s'obscurcit, les airs retentissent d'un bruit épouvantable, et la Bretagne, au loin, s'émeut du lugubre murmure... *Sensit ferale Britannia murmur.*

Si ces images sombres attristent votre âme, vous choisirez le déclin d'un beau jour d'été pour monter sur la pointe du Raz. Après avoir cueilli l'*œillet du poète*, petite fleur rose qui croît parmi les herbes arides de ces déserts, vous vous assoierez pour jouir des derniers moments du jour, pour rêver à l'aspect du soleil couchant sur l'Atlantique. Vous aurez devant vous l'île de Sein avec le souvenir de ses antiques prophétesses, et le prolongement de ses rochers qui se perdent à l'horizon; à votre droite le haut promontoire de la Chèvre, éblouissant de blancheur, la côte de Brest et l'île d'Ouessant; à votre gauche, le bassin d'Audierne, la pointe de Penmarc'h, de toutes parts la mer immense, agitée par les brises du soir, spectacle sublime, sans bornes, comme le ciel, l'univers, l'éternité.

VI

LES MONUMENTS CELTIQUES

Après les cités détruites, les monuments celtiques doivent exciter au plus haut point notre curiosité et notre intérêt. Mais il faut se hâter : ce que les siècles et la barbarie ont épargné va disparaître devant la civilisation ou ce qu'on appelle emphatiquement le progrès [1]. Combien de ces monuments, reliques vénérables d'un passé qui se perd dans la nuit des âges et qui ne fut pas sans grandeur, ont déjà été brisés par le marteau ou divisés par la scie! Efforçons-nous de sauver ce qui reste. Ce sont les premiers jalons de notre histoire, nos preuves de noblesse, nos titres de propriété. Cette pierre érigée dans la plaine ne témoigne-t-elle pas du travail de nos pères, de la pensée du chef qui dirigeait cette gigantesque entreprise, et prenaient ainsi possession du sol ? N'est-ce pas le monument de la religion et de la patrie? N'est-ce pas le point de départ de cette suite de trésors artistiques qui remplissent nos musées? Ce sont de grossières ébauches, dira-t-on peut-être. L'art sans doute y est peu de chose, mais le grandiose s'y montre partout; et celui-ci, plus que les combinaisons de l'art, accuse l'élévation de la pensée, du sentiment, du génie.

[1] Progrès chez quel peuple? Et en quoi? Est-ce dans l'art? « J'ai vu, dans la Grèce moderne et à Athènes même, dit un voyageur archéologue, des ébauches faites de la veille qui étaient non moins brutes que celles des peuples les plus arriérés de l'Océanie, et qui différaient assez peu de celles des bancs antédiluviens ; et ces figures grotesques, ces modelages informes étaient peut-être l'œuvre des descendants de Phidias et de Praxitèle. »

La colonnade du Louvre vous fait plus de plaisir, mais les alignements de Carnac vous remuent davantage. La galerie du Louvre est la conception d'un artiste savant, le monument de Carnac est l'œuvre de tout un peuple agissant sous une même impression de foi, et demandant à la nature elle-même ses plus prodigieuses masses pour en faire l'expression monumentale et immortelle du sentiment ou de l'idée qui le domine.

Oui, ces pierres, idoles, ou symboles ou monuments funéraires, méritent aujourd'hui nos respects ; elles contiennent toute une suite de révélations. Elles nous initient à la pensée, à la conscience d'un peuple fort, d'un peuple aux hautes convictions, portant en lui un sentiment d'avenir, de foi, d'adoration. « Oui, les premiers hommes qui ont réunis leurs efforts pour dresser cette pierre, qui en ont taillé les angles pour en régulariser la forme ou qui l'ont ébauchée pour lui donner une ressemblance, par cela seul sortaient de leur poussière. Un rayon d'en haut était descendu sur eux, ils se rapprochaient du ciel, c'était un premier hommage qu'ils rendaient à Dieu. Rendons-le comme eux et ne brisons pas son autel.

Sans quitter le Léonais, où les ruines d'Occismor nous occupaient tout à l'heure, vous trouverez à Plou-ar-zel, non loin de Saint-Renan, le plus beau menhir du Finistère : il est en granit brut et d'un seul bloc, haut de plus de quatorze mètres. « Du pied de cet obélisque sauvage et quarante fois séculaire, regardez autour de vous ces bruyères rougeâtres, ce ciel gris, ces hommes à longs cheveux et à vêtements étranges, qui descendent là-bas la montagne; écoutez la rumeur confuse des flots qui vous arrive par rafales à travers les landes abandonnées, et dites-moi si vous ne vous trouvez pas saisi d'une impression vague et profonde, s'il ne vous semble pas respirer un air d'une autre époque, et si le fantôme du passé ne s'élève pas devant votre pensée comme une évocation solennelle et funèbre. Là, sous vos pieds, dorment plusieurs générations; cette lande immense fut la *Cité des morts* elle a conservé encore le nom sonore et triste de *Kergloas* (le lieu de la douleur). » Ce menhir immense, est-ce la tombe d'un chef celtique fameux dans sa tribu? Est-ce un de ces *ir-men-sul* (longues pierre du soleil) qu'adoraient nos pères?.. La science est muette, ou balbutie.

Fig. 2. — Le Menhir de Kerveac'htou.

Non loin de là est un autre menhir de neuf mètres de haut sur plus de six mètres de circonférence[1]...

---

[1] M. le docteur Hallegu en compte dans le Finistère 727 monuments celtiques : 66 dans l'arrondissement de Châteaulin, 155 dans l'arrondissement de Brest, 123 dans celui de Quimper, 53 dans celui de Quimperlé et 130 dans celui de Morlaix. *Les Celtes, les Armoricains*, etc., p. 3.

Si vos pérégrinations vous conduisent à Huelgoat, vous irez voir, dans son voisinage, une des plus belles *pierres oscillantes*[1] de la Bretagne. Ces singuliers monuments se composent de deux énormes blocs superposés ; le bloc supérieur, soutenu par un seul point, est en équilibre et oscille au moindre choc. La pierre d'Huelgoat pèse au moins deux cent mille kilogrammes ; un seul homme suffit pour la mettre en mouvement. Comment les Celtes sont-ils parvenus à établir une pareille masse en équilibre sur un seul point de sa surface ? Cambry est obligé, même après le progrès tant vanté de la science au XVIII° siècle, de convenir que les Celtes ont fait, en érigeant ces monuments, ce que, malgré toutes nos recherches et nos lumières, nous ne pourrions exécuter.

Citons encore le *Roulers* de Trégunc, près Concarneau ; il pèse deux cent cinquante-trois mille kilogrammes ; et celui de Perros-Guyrech, près Tréguier (Côtes-du-Nord) qui pèse cinq cent mille kilogrammes. Cette dernière *pierre vacillante* a quinze mètres de longueur sur environ sept mètres d'épaisseur. Elle tourne

Fig. 3.
Roulers de Perros-Guyrech.

sur un cône renversé, lequel repose sur une seconde pierre fixée au sol et d'un poids plus considérable encore.

On s'assure des oscillations au moyen d'un verre qu'on

---

[1] On les appelle aussi *roulers*, de l'anglais *roller*.

suspend à quelques lignes de la *pierre branlante* ; ce verre est agité, frappé quand elle se meut [1].

Je ne veux vous arrêter ni au monument si remarquable de Toull-Inguet, décrit par l'amiral Thévenard, ni sur cette lande de Plabennec où M. de Fréminville a compté six cents pierres celtiques pressées dans une enceinte peu étendue, se dessinant sous mille aspects bizarres sur la fraîche verdure des taillis qui les environnent. J'ai hâte de vous faire descendre sur les promontoires du Morbihan, cet immense sanctuaire des Celtes. Là vous verrez, à Carnac [2], le spectacle, unique au monde, d'une armée de pierres, muets témoins de mille générations éteintes, dont l'histoire n'a gardé aucun souvenir ; sphinx gigantesques qui n'ont point jusqu'ici livré leurs secrets ; énigme de granit qui s'est jouée de la science. L'étrange monument est là, morne et sombre, se prolongeant, par groupes, sur onze lignes, vers l'horizon, dans une étendue de plus de deux lieues et demie, au milieu du désert qui l'environne, seul avec le sable qui le porte et la voûte du ciel qui l'enveloppe.

---

[1] On voit de ces roches depuis l'Angleterre jusqu'en Chine ; jusqu'en Amérique, au Massachussets. Il en existait à Héliopolis, en Syrie, où elles étaient consacrées au soleil. Il y a, près d'Harpasa, ville d'Asie, dit Pline, une pierre colossale que l'on meut d'un seul doigt, et qui résiste si on la pousse de tout le corps. Liv. II, c. 38. — *Mém. des Antiq. de France*, t. XII.

C'étaient, croit-on, des *roches-oracles*, destinées à faire subir aux accusés des épreuves décisives. D'autres savants pensent avec plus de raison qu'elles représentaient matériellement la stabilité divine, par l'énormité de leur masse placée sur un seul point imperceptible et rendue immobile par le parfait équilibre de toutes les forces vives.

[2] *Carn* en irland. et en cymr., signifie *hauteur*, *colline*, d'où *cairns*, amas, monceaux sacrés ou tumulus. Le mot carn ou cairn n'a dû s'appliquer évidemment, et d'après sa signification propre, qu'aux buttes tombales ou tumuli, comme le mont Saint-Michel.

Devant cet éternel problème, vous rappelant les temps antiques et les peuples évanouis, il s'élèvera dans votre âme un sentiment indéfinissable, et vous éprouverez une émotion qu'on essaierait en vain de dépeindre.

Allez voir les prodigieuses colonnades[1]. À quelque heure que vous les observiez, à la clarté mélancolique de la lune, aux reflets éclatants du soleil qui se lève ou qui se couche, ou sous un ciel grisâtre d'automne, vous ne pourrez vous défendre d'une impression profonde.

Un observateur sévère, accoutumé à manier des merveilles archéologiques de toutes les époques, et qui certes ne se livre à l'enthousiasme qu'à bon escient, a écrit cette page sur les alignements de Carnac :

« Du haut des dolmens les plus rapprochés d'Erdeven, dit-il, la vue de ces immenses allées offre un spectacle imposant et solennel. Lorsque je montai sur le toit d'un de ces dolmens, le soleil était sur son déclin, et le ciel et la mer à l'ouest se coloraient d'une vive lumière empourprée. Sur ce fond éclatant les peulvens de Kerserho se détachaient vigoureusement en noir, tandis que, du côté de l'étang, le reste des avenues, fortement éclairé, montrait des pierres blanches et brillantes, tranchant fortement sur un sol couvert d'ajoncs et d'herbes sombres. Le contraste était magnifique, et aurait mérité le pinceau d'un Martin. L'idée d'une immense procession, d'une armée en bataille, est la première qui se présente à l'esprit, et sans doute ce besoin naturel de chercher des comparaisons a produit la

---

[1] « Les pierres alignées de Carnac, dit M. Batissier, peuvent être rangées au nombre des choses les plus curieuses et les plus extraordinaires qui se puissent voir. »

plupart des hypothèses proposées pour expliquer ce prodigieux monument [1]. »

De Carnac dirigeons-nous à l'est, et passons dans la presqu'île de Locmariaker. C'est, après Carnac, le canton de la Bretagne où se trouve le plus grand nombre de monuments celtiques et dans les dimensions les plus colossales. Sans nous arrêter devant ces dolmens dont les tables ont de huit à dix mètres de longueur, sur quatre à cinq de large et d'un à deux d'épaisseur, hâtons-nous d'arriver devant le

Fig. 4. — Dolmen.

roi des menhirs. Il n'a pas moins de soixante-six pieds de longueur sur treize pieds de diamètre [2]. Il est brisé en quatre

---

[1] *Notes d'un voyage dans l'ouest de la France*, p. 237. — Quoique toutes ces pierres soient d'un granit fort dur, plusieurs ont été rongées par le temps, que seconde souvent trop bien la main des hommes; et leur aspect extraordinaire est encore devenu plus imposant par le lichen d'un vert pâle dont leurs sommets sont couverts. Leur multitude, leurs masses variées, leurs figures bizarres, l'élévation de leurs pointes grises et chargées d'années, le silence de la solitude qui les environne, la vie qui ne s'annonce autour d'elles que par quelques touffes de genêt épineux aux fleurs jaunes, et par le cri-cri du grillon qui rampe à leur pied, tout cela s'accorde pour frapper involontairement l'imagination du voyageur qui ne les visite que par un simple mouvement de curiosité; et plus encore pour remuer fortement l'âme mélancolique du philosophe chrétien qui s'arrête un moment à méditer sur la vanité des choses de la terre, devant ces antiques témoins de mille générations éteintes, dont l'histoire n'a pas même gardé le souvenir. — Cf. Maset, *Hist. de la Petite Bretagne*. — Dans la Cornouailles, en Écosse, dans la Scandinavie, le nord de l'Allemagne et en Russie, il existe des alignements de pierres à peu près semblables à ceux que l'on rencontre en France.

[2] Il en existait un de vingt-cinq mètres de hauteur dans la Charente-Inférieure; il a été renversé et scié pour faire de la pierre de taille. Ces dimensions sont

fragments rapprochés sur une même ligne, et l'on reconnaît, en les examinant, qu'ils ont indubitablement fait partie d'une même pierre. Il pèse plus de cinq cent mille livres. On reste stupéfait quand on cherche à se rendre compte des immenses difficultés qu'ont dû présenter l'extraction, le transport et l'érection d'une pareille masse, difficultés que le défaut de machines devait centupler pour un peuple qu'on est toujours tenté de regarder comme barbare[1]. Était-ce un monument commémoratif, un tombeau, le symbole de quelque divinité?... autant de problèmes.

Ce ne sont pas les seuls. Son mode de brisement n'a pas paru moins inexplicable. Les uns ont dit qu'il s'était brisé en tombant; les autres, que la foudre l'avait renversé. Depuis que nous avons vu ce colosse sur place, nous ne sommes satisfait ni de l'une ni de l'autre explication. Une

---

loin d'égaler le fût de la colonne de Pompée près d'Alexandrie, qui était d'un seul morceau de granit haut de quatre-vingt-six pieds avec trente pieds de circonférence. On voit à Balbeck des pierres taillées de soixante-neuf pieds de long sur douze de large et treize d'épaisseur. La pierre qui est au-dessus de la porte d'entrée de la trésorerie d'Atrée, à Mycènes (Grèce) pèse cent soixante-huit mille six cent quatre-vingt-quatre kilogrammes. Elle a huit mètres de long, six mètres de profondeur et plus d'un mètre d'épaisseur.

Dans les peintures égyptiennes et sur les bas-reliefs de Ninive on voit des masses d'un volume aussi énorme, tirées à bras d'hommes au moyen de cordes qui passent sur l'épaule. Ces masses sont placées sur une espèce de radeau roulant, puis dressées à l'aide de machines. N'est-il pas tout naturel d'admettre que nos pères, venus de l'Orient, d'où ils avaient apporté l'usage de ces monuments massifs, en avaient aussi apporté les moyens de les ériger?

[1] Il y a eu des transports de menhirs par eau qui ont lieu de nous étonner encore plus que leur voyage par terre. Ainsi on voit à Belle-Ile un menhir d'une hauteur de huit mètres et qui cube un poids de vingt-cinq mille trois cents kilogrammes; or, comme cette île n'est point granitique mais schisteuse, ce menhir a dû nécessairement passer la mer. Cela suppose dans le peuple qui a formé et mené à fin cette entreprise des ressources fort remarquables pour l'âge auquel il faut remonter.

Dans cette île, les pierres debout ou piliers qui supportent les tables des dolmens, étant schisteuses, offrent moins de résistance que le granit; aussi sont-elles disposées par couples et en chevron ou formant ogive, espacées à la base, jointes au sommet. Il y a là de l'habileté, de l'art et du calcul.

masse de granit de treize pieds de diamètre, sans aucune veine apparente, n'aurait pu, en tombant, se briser en quatre morceaux, dont un comparativement assez court; les cassures n'en seraient pas unies, nettes et à angle droit, comme elles le sont, sans qu'aucun éclat s'en soit détaché sur les arêtes, ce qui n'a pas lieu toutefois pour le petit fragment. L'énorme fragment qui paraît avoir été la base du monolithe se trouverait sur la même ligne que les trois autres fragments, tandis qu'il fait, au contraire, un angle considérable avec le fragment qui le suit [1].

Il n'est guère possible non plus d'admettre que c'est la foudre qui l'a brisé. Elle l'aurait frappé de haut en bas, comme on l'a cent fois observé pour les clochers, les tours et les arbres foudroyés. La foudre l'aurait-elle frappé en quatre endroits différents, toujours en flanc et à angle droit, sans qu'aucun éclat en eût été détaché? Cela paraît assez invraisemblable.

A chaque pas, sur cette terre, les problèmes se pressent avec les monuments étranges qui la couvrent. Sur les pierres de la grotte artificielle et sépulcrale de Gavr'énez (*Ile de la Chèvre*, dans le Morbihan), qu'est-ce que ces traits bizarres, ces courbes concentriques, onduleuses, dessinant des espèces de tourbillons analogues à ceux de la *physique* de Descartes, ou rappelant les tatouages des insulaires de la Nouvelle-Zélande? A côté de ces lignes tourbillonnantes, on voit, gravés, ici des *celtæ* [2], là des

---

[1] Ce fragment a huit mètres de long, plus du tiers de la longueur totale du menhir.

[2] Du cymrique *kelt*, pierre à feu. Les *celtæ* sont des couteaux en pierre. Dans les temps anciens l'usage des métaux, particulièrement du fer, était considéré

serpents en relief, plus loin, des rameaux à feuilles alternes, ovales-allongées, parfaitement dessinées. Mysté-

Fig. 5 — Signes et figures gravés en creux et en relief sur une pierre support à l'intérieur de la grotte de Gavr'énez.

rieux hiéroglyphes qui n'ont point encore trouvé leur Champollion.

En attendant quelque explication plus heureuse, nous

comme impur, peut-être à cause de leur facile oxidation au contact du sang. Les celtæ sont nombreux dans les grottes sépulcrales, et donnent lieu de penser qu'elles sont la sépulture de prêtres sacrificateurs. Il y en a qui pèsent jusqu'à deux mille six cent vingt grammes, et pouvaient abattre les plus puissants animaux. Les petits servaient à la dissection.

On a trouvé des épées et des haches qui devaient être emblématiques, puisqu'elles étaient en argile cuite, richement dorées et peintes. Nous ne croyons pas du reste qu'elles appartiennent à l'époque celtique primordiale.

Les celtæ se retrouvent chez les peuplades sauvages de l'Océanie, parmi les antiquités mexicaines et dans les hypogées des anciens Égyptiens, qui les imitaient en bronze. Ces outils en bronze étaient si bien trempés, que la lime peut à peine les entamer.

Il existe au musée de Douai une hache en silex avec une face humaine sur l'un de ses méplats. Nous reviendrons plus loin sur ces instruments et sur leur rôle dans l'antiquité.

hasarderons la suivante au sujet des serpents gravés sur une pierre support de la grotte de Gavr'énez. D'après les rites antiques, quand on voulait préserver un monument de toute espèce de souillure, on peignait des serpents sur la muraille, parce que c'était un animal symbolique et sacré. On voit encore à Rome, au pied d'un pilastre des Thermes de Titus, une peinture représentant deux serpents s'élevant au-dessus d'un trépied sacré et surmontés des douze grands dieux, avec cette inscription que je n'oserais traduire tout entière :

DVODECI. DEOS ET DEANA ET IOVEM
OPTVM. MAXIMV. HABEAT IRATOS
QVISQVIS MIXERIT AVT CACARIT.

On voit une image semblable à Pompéi, sur un mur, au coin de la rue dite des *Douze-Grands-Dieux*. Ces représentations sont le meilleur commentaire des vers suivants de Perse :

> Hic, iniquis, veto quisquam faxit oletum.
> Pinge duos angues.
>
> *Sat.* 1, v, 112-113.

De tels usages devaient remonter à une haute antiquité et avoir été apportés de l'Orient [1].

Malgré l'absence complète de débris humains ou d'us-

---

[1] Chez les anciens, le serpent était tout à la fois le symbole des esprits et un sujet d'augures universellement observé. Les Égyptiens, les Phrygiens, les Grecs devinaient par les serpents, et dans l'Inde antique on ne devenait devin qu'en mangeant le foie des dragons. Il est remarquable qu'en hébreu le même mot désigne la divination et le serpent.

tensiles funéraires, la destination la plus probable de ce monument, dit M. Mérimée, c'est une sépulture. En Suède, en Norwège et en Irlande, on a trouvé dans l'intérieur de certains tumulus des cavernes analogues à celle de Gavr'énez. Elles renfermaient des ossements, quelquefois des squelettes entiers. Il semble que l'intention de ceux qui bâtissaient ainsi un édifice au milieu d'un tumulus, ait été d'isoler le cadavre en lui faisant comme un vaste cercueil.

Je ne quitterai point tout ce monde de pierres monumentales à l'interprétation desquelles s'exerce chaque jour la sagacité des archéologues, sans vous arrêter un moment au musée des antiquités celtiques et romaines de Vannes, que nous avons visité avec tant d'intérêt sous la direction de M. le docteur Fouquet, savant aimable et zélé, à qui l'archéologie est redevable de très importants travaux. Vous verrez là des objets curieux trouvés dans une grotte sépulcrale découverte par cet infatigable explorateur dans le beau tumulus de Tumiac (presqu'île de Rhuys). Ce sont :

1° Une trentaine de *celtæ* presque tous en jade axien ou en trémolite dure, dont un mesurait quarante-cinq centimètres de longueur sur trois d'épaisseur et neuf de largeur; il pesait plus de deux kilogrammes et demi [1]; tous sont polis avec une rare perfection;

2° Un collier d'une quarantaine de gros grains, en jaspe parmi lesquels il en est un de cristal de quartz dépoli ;

[1] C'est la hache en silex la plus considérable que l'on connaisse. On en a trouvé de trente-deux et trente-trois centimètres dans le département de la Somme.

3° Deux colliers ou bracelets, chacun de cent vingt grains, très variés de formes et de couleur; un de ces grains est d'un vert bleuâtre magnifique et d'une forme approchant de la gourde.

Les pierres qui composent ces divers colliers ne se trouvent que dans les Alpes; ce qui suppose, dès ces temps reculés, des exploitations, une industrie et des relations de commerce pour des objets de luxe qui paraissent avoir été très recherchés, une pareille industrie n'exige-t-elle pas l'usage des outils en métal [1]?

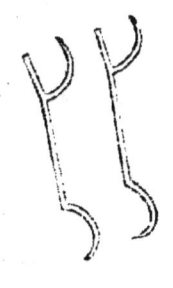

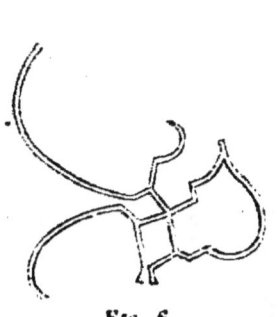

Fig. 6.

4° Enfin un fragment d'un pariétal de crâne humain de six à sept centimètres en longueur et en largeur.

Cette grotte a présenté aussi, gravées sur ses parois, outre un grand dessin de collier à double rang, plusieurs figures si singulières, si bizarres, qu'il est impossible d'en donner une idée sans le secours du dessin. C'est une combinaison de lignes droites et de lignes courbes évidemment intentionnelle, mais ne rappelant rien de ce que nous connaissons. Quant au collier à double rang, si c'est un collier, il y a de l'art et dans le dessin

---

[1] « Quelques rudes et grossiers que soient nos *menhirs* et nos *dolmens*, leur érection dénote une civilisation plus avancée que celle des sauvages, à qui tout métal est inconnu. J'ai peine à croire, par exemple, qu'on ait pu, sans ciseaux de bronze, sculpter le granit de Gavr'énez, etc. » M. Mérimée.

et dans le collier lui-même ou la double chaîne, que représente la figure 6 [1].

Voici la description du beau tumulus de Tumiac d'après M. Fouquet.

La butte de Tumiac a 260 mètres de circonférence à sa base ; sa hauteur verticale est de 20 mètres ; son diamètre est de 86 mètres 66 centimètres.

Elle est composée de trois couches superposées et disposées ainsi :

Couche inférieure composée de pierres sèches en granit micacé à gros grains, accumulées sans ordre et formant galgal.

Couche moyenne composée en totalité de vase. Cette vase a dû être prise dans deux lais de mer voisins et dont un forme l'étang de Pen-Castel.

Couche supérieure ou d'enveloppe formée de terre végétale et de pierres de granit.

Cette couche va en s'amincissant du sommet de la butte à la base [2].

[1] Nous ne pouvons méconnaître aussi qu'il y ait de l'art dans plusieurs figures tracées en relief sur quelques pierres de la grotte de Gavr'énez, mais ces figures n'ont aucun rapport avec les caractères des médailles de la période gauloise. On peut donc, croyons-nous, admettre à l'époque celtique l'existence de l'art au moins à un certain degré, et nous pensons qu'on doit attribuer à une prescription religieuse traditionnelle, chez ces races primitives, l'emploi à peu près brut de la pierre dans les monuments sacrés ou funéraires.

[2] Du sommet de cette butte, on jouit d'un admirable panorama, d'un horizon solennel couvert de monuments sacrés. Au nord, l'œil plonge sur tout le Morbihan ; à l'est, la vue s'étend jusqu'aux plages du Croisic ; au sud, on distingue Houat, Hœdic et Belle-Ile semées sur l'immense Océan, et la presqu'île de Quiberon, terre de deuil, qui s'élève entre une nappe d'eau et une nappe de sable ; l'ouest enfin Baron, Locmariaker, Crac'h, Carnac, Erdeven et Plouharnel, terres classiques des monuments celtiques, montrent successivement leurs cloches et leurs tours. On peut compter de Tumiac vingt-sept clochers et un nombre infini d'îles, de presqu'îles et de caps.

Nous donnons ici la coupe horizontale de cette grotte.

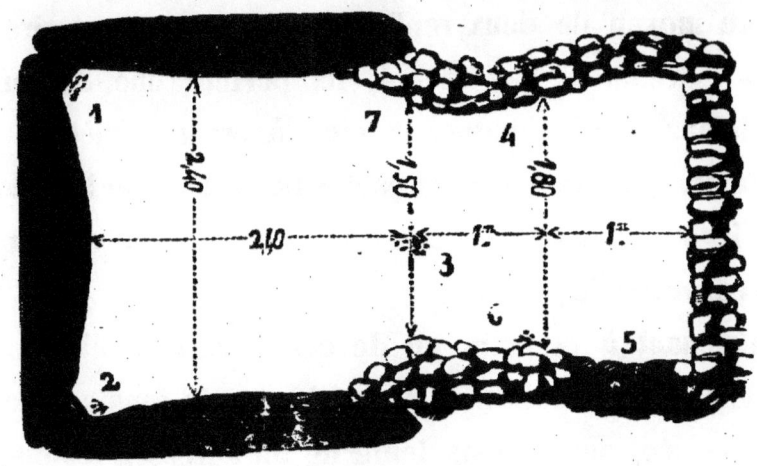

Fig. 7.

Légende de la coupe horizontale :

(1) Grand collier à gros grains.
(2) Petit collier à gros grains.
(3) Collier à nombreux grains, mais petits.
(4) Fragment de l'os pariétal.
(5) Grands celtæ au nombre de 15.
(6) Petits celtæ au nombre de 15.
(7) Fragment de bois.

La découverte de la grotte de Tumiac, les objets qu'on y a trouvés, les deux colliers d'or, de trois ou quatre centimètres de largeur, trouvés sur un vase de terre cuite contenant des cendres, dans les grottes de Plouharnel (canton de Carnac), prouvent que toutes les *grottes aux fées* et tous les dolmens qui originairement étaient sans doute aussi des grottes sous des tumulus, ont été élevés à grands frais pour servir de tombeaux à des personnages distingués par leur rang ou par leurs fonctions, chefs, guerriers, prêtres ou sacrificateurs [1].

---

[1] D'après le relevé que nous avons fait sur le *Catalogue analytique des monuments gaulois qui existent dans le Morbihan*, dressé par M. le docteur Fouquet, il y aurait dans ce département plus de sept cents menhirs, dolmens, autels et tumulus, sans y comprendre les monuments de Lanvaux, de Languidic et de Carnac. Ceux de cette dernière localité se seraient élevés, seuls, primitivement à quatre ou cinq mille.

Les colliers d'or de Plouharnel s'agraffaient derrière le cou au moyen de deux replis faits en sens contraire à leurs extrémités. Par devant, ils portent une douzaine d'incisions longitudinales de cinq à six centimètres de longueur, qui divisent cette partie en autant de lamelles, dans le but évident de permettre à la tête de s'incliner sans éprouver de gêne.

En tenant à la main un de ces curieux colliers que Mme le Bail, de Plouharnel, nous faisait voir dans son petit salon-musée, nous étions tenté de lui adresser les questions que l'abbé Mahé faisait autrefois aux pierres de Carnac : « Eh ! parlez donc ! que de choses vous devez avoir à nous dire ?.. » Mais, comme les pierres monumentales, l'antique ornement était muet. Tout au plus sa forme singulière nous permettait-elle d'entrevoir je ne sais quoi d'étrange et comme fantastique dans les habitudes et les mœurs des peuples de ces siècles reculés auxquels ces colliers doivent appartenir et dont ils semblent garder obstinément le secret.

VII

BROCÉLIANDE. — LES ORIGINES DE LA CHEVALERIE ET LE CHATEAU DE JOYEUSE-GARDE. — LA VALEUR BRETONNE

Voici venir, dans les solitudes de notre Bretagne, les chemins de fer qui vont couper ses arêtes de granit, écraser la fleur de ses vallées, et importer parmi nos populations encore toutes florissantes de vigueur morale les défaillances d'une civilisation depuis longtemps meurtrie dans sa vitalité. Oui,

> Le dernier de nos jours penche vers son déclin :
> Voici le dragon rouge annoncé par Merlin !...
> Ah! si tu veux garder pure ton étamine,
> Aux plus profonds ravins cache-toi, blanche hermine [1] !...

L'heure est donc venue de recueillir, avant qu'ils s'effacent, les traits de ce type remarquable, de les ciseler dans l'or de la poésie et dans l'airain de l'histoire, de redire les traditions de la patrie, les chants du foyer, les monuments, les origines, les mœurs, la psychologie de ce peuple, reflet le plus pur des âges primitifs. Tout est plein d'échos harmonieux et riche de souvenirs sur cette terre des bardes et des druides, des vierges fatidiques de Senn et des fées de Brocéliande [2].

Brocéliande! la poétique et merveilleuse forêt, séjour des prestiges, anciennement consacrée au culte druidique et son dernier asile.

> O bois d'enchantements, vallon, source féconde
> Où se sont abreuvés tous les bardes du monde !...

On y voit toujours ses cavernes, sa pierre sacrée, sa fontaine de Barenton. Lorsque les rites superstitieux de nos pères furent abolis dans l'Armorique, les populations ne purent se détacher entièrement de ces enceintes révé-

---

[1] Brizeux.
[2] Célèbre forêt, qui a dû réunir très anciennement les bois de la Hardouinaye, de Loudéac, de Quintin, de Duault, etc., et occuper primitivement tout le centre de la Bretagne sur l'un et l'autre versant des montagnes ; au viie siècle, quarante mille arpents de bois entouraient encore Loudéac.

rées, de ces lieux redoutés où s'étaient accomplies, au fond des solitudes, des cérémonies qui avaient vivement frappé leur imagination. Les poètes s'emparèrent des fables, qui vinrent se mêler aux traditions populaires, et ils en firent une sorte de mythologie nouvelle ; elle eut pour Olympe non plus les sommets radieux des montagnes, mais les sombres profondeurs de la grande forêt armoricaine. C'est là que les bardes des derniers temps transportèrent, comme dans un nouvel Élysée, les vierges de Senn, les neuf prêtresses consacrées à Koridwen, la déesse mystérieuse des Kymris occidentaux. Ces fameuses prophétesses devinrent, sous les bocages de Brocéliande, les habitantes d'un séjour d'élection, où elles continuèrent, sous le nom de fées, d'entretenir avec la terre des relations de faveur ou de vengeance.

« Réjouis-toi, ô Broeklandt! s'écrie un barde. Tu seras à jamais vantée dans les siècles futurs... Au fond de tes solitudes ignorées, dans tes vallées embellies par toutes les primeurs d'un éternel printemps, les vierges fatidiques sont descendues ; et sous l'ombrage de tes chênes centenaires, elles ont fixé pour toujours leur nouvelle demeure [1]. »

La Bretagne est le berceau de toutes les créations naïves, gracieuses ou passionnées, pleines d'enchantements et de merveilles, qui ont rempli de récits charmants et d'histoires idéales toute l'Europe du moyen âge avec ses vieux castels et ses preux chevaliers [2].

---

[1] « Les fées, de même que les nymphes des Grecs, les *fatuæ* des Latins, habitaient au bord des fontaines, au fond des forêts; elles se rendaient notamment visibles près de l'ancienne fontaine druidique de Baranton, dans la forêt de Bréchéliant, célèbre par ses enchantements.

[2] L'abbé DE LA RUE, *Recherches sur les ouvrages des Bardes de la Bretagne*

Ces esprits, les Bretons les appelaient des fées.
Or, ces dames, de gaze et de soie attifées,
Depuis bien des mille ans au doux pays d'Arvor,
Vivaient, et leurs fuseaux on peut les voir encor :
Enfants (retenez bien), ce sont les grandes pierres
Qui se tiennent debout au milieu des bruyères.
Ces grès, dont nul savant ne sait dire le poids,
Pesaient moins qu'un fétu pour leurs agiles doigts.
Aussi leur tâche était bien vite terminée :
A nos travaux d'un an suffisait leur journée.
Pourquoi ces bons esprits ont-ils quitté nos champs ?
Mes amis, ce secret est celui des méchants [1].

Oui, la Bretagne est le pays où sont nées ces fables qui forment le merveilleux de ces épopées ou compositions héroïques, qui firent les délices de nos pères ; tous ces lais bretons qui ont été la base des romans de la *Table-Ronde*, et qui ont bercé l'Europe guerrière pendant mille ans. La plupart des personnages de ce cycle épique habitèrent le célèbre château de Joyeuse-Garde, sur les bords de l'Élorn (Finistère), que M. de Kerdanet croit antérieur au IVe siècle. Les romans de la Table-Ronde furent écrits en celto-breton avant de l'être en langue romane ; ce ne fut que vers le XIIe siècle qu'on les traduisit. Ces faits sont constatés par Geoffroy Montmouth lui-même traducteur du roman du *Brut y Brenhined* ou *Légende des Rois*. Ainsi il est bien constant que c'est en Bretagne que la chevalerie a pris naissance et qu'elle a brillé de tout son éclat. Les monuments, les traditions, les noms, les indications des plus anciens auteurs, s'accordent pour faire de la Bretagne la patrie de tout ce

---

armoricaine. — Voyez surtout le beau livre de M. de la Villemarqué. *Les romans de la Table-Ronde*, ouvrage plein de recherches curieuses et savantes.

[1] BRIZEUX, *Les Bretons*, ch. XXI.

monde chevaleresque et féerique où puisèrent plus tard à pleines mains le Tasse et l'Arioste.

« Toute la poésie du moyen âge est ici ; on la respire dans l'air, on la lit sur les feuilles, on l'entend dans les brises. Le murmure de l'Élorn au bas de la colline, la clochette du cheval qui va trottant le long des coulées, le chant du pâtre qui se perd sur les rochers lointains, tout semble vous parler de ces temps de poésie primitive, tout vous rappelle les romanesques aventures; et tout plein de souvenirs au milieu de cette nature sauvage, vous marchez rêveur, le cœur gonflé d'émotions et tout enivré des parfums du passé. »

Écoutez, pour preuve, un récit des conteurs gallois du XIIe siècle, et voyez où ils placent le théâtre des plus mémorables aventures de leurs héros.

Arthur, le roi Arthur, si fameux dans le souvenir des Bretons[1] et des Gallois, repose dans une salle de son palais de Kaërléon[2], assis sur un fauteuil de joncs verts que

---

[1] On connaît ce cri des anciens Bretons, cri d'espérance et d'amour : *Arthur n'est pas mort !...* Les Bretons ont fait un berceau d'ivoire et d'or; ils y ont mis le passé, et le soir sur la montagne, ils le balancent, en pleurant, au-dessus de leurs têtes, comme un père à qui le désespoir a ôté la raison berce encore son enfant mort depuis longtemps...

Le célèbre Arthur, chef des chevaliers de la Table-Ronde, était petit-fils de Constantin, qui avait eu pour père Salomon, deuxième roi de l'Armorique, massacré en 435 par ses sujets au milieu d'une sédition. Arthur, dont le grand'père paternel avait puissamment contribué à repousser de la Bretagne insulaire les peuples barbares qui s'étaient emparés du pays, aida, par un juste retour, Hoël son parent et son ami, à chasser de l'Armorique les Francs et les Frisons, qui l'avaient envahie, et contribua ainsi à rendre la couronne à la branche aînée de sa maison.

Les épopées chevaleresques du cycle d'Arthur sont pleines de mythes qu'avaient chantés les bardes kymris, qui étaient eux-mêmes, à ce qu'on assure, les successeurs et les héritiers des druides de la Gaule. Il n'est pas jusqu'à nos contes de fées qui ne contiennent quelques débris des traditions du monde primitif. — Cfr. F. DE ROUGEMONT, *Le peuple primitif.*

[2] A l'époque où les Romains occupaient la Bretagne insulaire, Kaërléon était la capitale du pays des Silures (comté de Monmouth).

recouvre un tapis de drap aurore, et accoudé sur un coussin de satin rouge. Pendant qu'il dort, quelques seigneurs restés près de lui boivent l'hydromel et racontent des histoires. Kénon fait à Kaï le récit de ses aventures ; il l'entretient d'un voyage qu'il fit dans l'Armorique et de ce qui lui arriva dans la forêt de Brocéliande. Kénon, qui cherche par le monde quelqu'un qui puisse le vaincre, parvient à une vaste clairière de la forêt, au pied d'une butte au sommet de laquelle il rencontre un grand homme noir.

« Je l'interrogeai, continue Kénon, sur le chemin que je devais prendre, et il me demanda d'une voix de tonnere où je voulais aller ; et je lui dis qui j'étais et ce que je cherchais, et il me répondit : « Prends le sentier qui conduit au bout de la clairière, et gravis cette côte boisée jusqu'à ce que tu arrives au sommet ; là tu trouveras un espace découvert, une sorte de longue vallée[1], et au milieu de cette vallée un grand arbre dont les branches sont plus vertes que le plus vert sapin ; et sous l'arbre il y a une fontaine, et au bord de la fontaine[2] il y a un bloc de marbre ; et sur ce bloc il y a un bassin d'argent attaché à une chaîne d'argent pour qu'on ne puisse point l'enlever. Prends le bassin et remplis-le d'eau, et verse l'eau sur le bloc, et alors tu entendras un grand coup de tonnerre, et il te semblera que le ciel et la terre tremblent de fureur ; et une telle

---

[1] C'est la vallée de Concoret, qui longe aujourd'hui la forêt de Brocéliande (Painpont), arrondissement de Ploërmel, sur les limites du Morbihan et de l'Ille-et-Vilaine. — Concoret, de kon-kored, *la vallée des fées*.

[2] La fontaine de Baranton ou Berenton, Bellenton, dans les vieilles chartes. On trouvera dans la charte de 1467, conservée aux archives de Painpont, plusieurs articles curieux concernant la fontaine de Baranton et les prestiges de son perron.

averse suivra le coup de tonnerre, qu'il te sera presque impossible de la supporter sans mourir, et l'averse sera mêlée de grêle; et après l'averse le temps deviendra beau. Mais il n'y aura pas une seule feuille de l'arbre que l'averse n'aura enlevée. Et alors un essaim d'oiseaux descendra sur l'arbre; et tu n'auras jamais entendu dans ton pays de chant comparable au leur. Et pendant que tu prendras plaisir à écouter le chant des oiseaux, tu entendras un grand bruit et des plaintes dans la vallée; et tu verras paraître un chevalier monté sur un cheval noir, et habillé de satin noir, et portant au bout de sa lance une banderole de toile noire: et il accourra aussi vite qu'il pourra pour te combattre : si tu prends la fuite, il t'atteindra ; et si tu l'attends, aussi vrai que tu es à cheval, il te mettra à pied. Et si tu sors sain et sauf de cette aventure, tu n'as pas besoin d'en chercher d'autres. »

« Je me mis donc à cheminer, tant, que j'arrivai au haut de la côte; et j'y trouvai tout ce que l'homme noir m'avait prédit. Et je m'avançai vers l'arbre ; et je vis la fontaine dessous, et le bloc de marbre, et le bassin d'argent attaché à la chaîne ; et je pris le bassin et je le remplis d'eau, et je le versai sur le bloc de marbre ; et voilà que le tonnerre gronda avec encore plus de fureur que l'homme noir ne me l'avait annoncé, et après le tonnerre l'averse, et en vérité, je te le dis, Kaï, il n'y a ni homme ni bête qui puisse supporter une pareille averse sans mourir ; car il n'y a pas un seul de ses grêlons qui ne traverse la chair et la peau jusqu'aux os. Je tournai la croupe de mon cheval à l'orage, et je couvris sa tête et son cou d'une

partie de mon bouclier, tandis que je m'abritais moi-même
sous l'autre ; et de la sorte je soutins l'orage. Mais, quand
je regardai l'arbre, il n'y restait plus une seule feuille.
Enfin le ciel devint serein, et voici que les oiseaux des-
cendirent sur l'arbre et se mirent à chanter. Et en vérité,
je te le dis Kaï, ni avant ni depuis, je n'ai entendu de chant
pareil au leur. Mais au moment où je prenais le plus de
plaisir à écouter les oiseaux, dans la vallée s'éleva une voix
plaintive qui venait à moi.

« Chevalier, qui t'amène ici ? quel mal t'ai-je fait pour
que tu agisses de la sorte envers moi et mes propriétés ? Ne sais-tu pas que l'orage n'a laissé aujourd'hui en vie
dans mes domaines aucun des hommes ni des animaux
qu'il a surpris ?

« Et là-dessus, je vis paraître le chevalier au cheval noir,
et à l'habit de satin noir, et à la banderole de toile noire[1] ;
et nous nous assaillîmes, et l'assaut fut si violent, que je
ne tardai pas à être renversé[2]. »

Du château de Joyeuse-Garde que nous indiquions tout à
l'heure comme rappelant les plus aimables souvenirs, il ne
reste plus qu'un portail couronné de lierre et un souter-

[1] Le seigneur de Gaël-Montfort.
[2] Voy. *Owenn ou la Dame de la fontaine*, traduit du *Livre-Rouge* d'Oxford, manuscrit du xiv° siècle, par M. de la Villemarqué.
Qui n'a quelquefois cherché à oublier les dures réalités du présent, pour se reporter à ces mœurs de la vieille forêt et des antiques châteaux, à ces charmants loisirs, à ces peuples de brillants paladins, de poëtes et de joueurs de harpe, à cette recherche des aventures, de la gloire et des plaisirs, à tout ce monde de féerie et d'enchantements, qui triomphaient en Bretagne à une époque où le reste de l'Europe était couvert d'épaisses ténèbres ? Oui, il y eut alors un coin de terre où le flambeau de la poésie brilla d'un incomparable éclat, et où l'imagination la plus féconde se plut à embellir, à parfumer ses riantes créations de ce charme délicat, qu'on chercherait en vain dans les poëmes les plus parfaits de l'antiquité ; ce coin de terre, ce pays fut la Bretagne, qui devait ainsi s'illustrer par tous les genres de gloire.

rain obstrué... Au lieu des sons du cor et des brillantes fanfares qui jadis réjouirent ces lieux, on n'y entend plus que le cri plaintif de quelque oiseau de bruyère, ou le son monotone des conques de quelques pâtres qui se répondent de vallée en vallée, bruits mélancoliques qui se perdent dans l'espace comme la voix du génie attristé de ces vieilles ruines, pleurant sur ces âges de courtoisie, de vaillance et de gloire chevaleresques, que les générations ne verront plus renaître.

Tous les siècles ont laissé dans ce noble pays de Bretagne des sillons de gloire, depuis l'héroïque lutte des Armoricains, il y a deux mille ans, contre le conquérant des Gaules, jusqu'au combat des Trente, au chêne de Mi-Voie[1], jusqu'aux bandes guerrières des paysans soldats de notre époque révolutionnaire, alors que la Bretagne retrouva pour chanter les compagnons des Cadoudal, des Tinténiac et des Cornouailles, l'inspiration des âges glorieux ou un barde chrétien s'écriait :

« On ne meurt jamais trop tôt quand on meurt en faisant son devoir. »

Calmes et froids en apparence, mais d'une énergie indomptable, ces hommes d'Armorique ont mérité de tout temps le mot de Napoléon : « Corps de fer et cœur d'acier[2]. »

Bretagne de l'Arvor, que ta lutte fut belle,
Au joug des conquérants terre toujours rebelle !

---

[1] « Un siècle après, on disait encore en parlant des plus belles batailles : On s'y battit comme au combat des Trente. »

[2] « Nos Bretons ont toujours été gens de guerre, et *seuls* entre tous les peuples de la Gaule, ils se sont dispensés de la domination des Francs. Vaincus par Clovis Chilpéric et Dagobert, tributaires même, mais jamais subjugués. » PASQUIER, *Recherches*, etc. liv. I.

Durant onze cents ans, combattant sous tes rois
Et sous les ducs guerriers, tu défendis tes droits :
Nul vainqueur n'enchaîna la douce et blanche hermine,
D'elle-même elle offrit sa royale étamine
Et sa couronne d'or où l'on voyait fleurir
La devise : « Plutôt que se souiller mourir (1) ! »

VIII

LE CHRISTIANISME EN BRETAGNE

Mais cette terre de Bretagne a reçu les émanations d'un ciel propice; elle a été fécondée par le christianisme. Si c'est la terre de la poésie et des hauts faits, c'est surtout la terre des héros chrétiens, couronnés de l'auréole sainte. Aucune autre nation ne s'est jetée avec plus d'effusion dans les bras du divin Crucifié et ne lui est restée plus fidèle². A peine l'Évangile est-il descendu sur les rivages de l'Armorique qu'on voit s'élever de tous côtés des oratoires, asiles des premiers croyants, lesquels deviendront bientôt des églises et des monastères. A la grotte des solitaires, dans les bois, succèdent les vastes abbayes, peuplées d'innombrables serviteurs de Dieu. Partout le culte

---

¹ Brizeux, *Les Bretons*, ch. xii.

² « Le soleil, dit le P. Maunoir, n'a jamais éclairé canton où ait paru une plus constante et invariable fidélité dans la vraie foi qu'en Bretagne. » Il est certain que tout ce qu'elle a eu de noble et de beau dans ses institutions et ses mœurs, la Bretagne le doit à la religion catholique.

du Christ triomphe des divinités celtes, et les représentants du bardisme cèdent pour toujours la palme au cantique, à l'hymne sacré des chrétiens.

On s'étonne du nombre de saints qu'a fournis la Bretagne. C'est qu'on oublie l'histoire des premiers siècles, alors que les îles Britanniques étaient en proie aux invasions, et que le Saxon enfonçait sa griffe, comme dit saint Gildas, sur le sol qu'il était venu défendre. Quand on songe à la cruauté des Pictes, des Normands et des Saxons, on comprend que ceux qui voulaient se vouer à la vie contemplative et religieuse aient été forcés d'abandonner un pays ravagé par des guerres continuelles. Ils franchirent le détroit et vinrent demander un asile à l'hospitalière Armorique, qui leur offrait dans ses îles, dans ses déserts, des retraites aussi sûres que profondes. Même langue d'ailleurs, mêmes mœurs, origine commune, toutes les sympathies se réunissaient pour faire de l'Armorique une nouvelle Thébaïde[1]. Les émigrations devinrent nombreuses et fréquentes; l'Armorique reçut ses frères et confondit toutes les origines sous une seule et même dénomination. Le repos dont jouissait l'Armorique, la généreuse hospitalité, la ferveur des chrétiens des premiers siècles, expliquent suffisamment le grand nombre des saints bretons, et c'est une des gloires de la Bretagne d'avoir religieusement conservé la mémoire et le culte des saints qui peuplèrent ses solitudes et qui furent ses premiers apôtres.

[1] Telle était l'ardeur pour la vie religieuse, à cette époque, que sainte Ninnoc, issue d'une maison souveraine, eut dix frères et deux sœurs qui renoncèrent, comme elle, au monde pour embrasser la vie contemplative.

C'est surtout au xvi° siècle qu'on voit se produire en Bretagne un mouvement religieux immense. Il sembla un instant que le peuple entier, dominé par sa foi ardente, s'était précipité à genoux et qu'il avait transformé toutes ses actions en prières. C'est à cette époque que furent élevés, au bruit des hymnes pieux, ces nombreux calvaires, ces chapelles, ces églises, qui couvrent encore la province, et sur lesquels on voit se dérouler en arabesques variées avec un art infini le dur granit pétri et façonné comme de l'argile. On mit en œuvre pour l'érection de ces monuments sacrés tout ce que l'intelligence humaine peut inventer de ressources, tout ce que l'adresse manuelle et l'habileté des artistes purent fournir de secours. Quinze mille ouvriers firent vœu de ne travailler qu'aux églises ; on les voyait parcourir la Bretagne, leurs outils sur l'épaule et le chapelet à la main, mêlant des cantiques populaires au son du *bigniou* qui marchait à leur tête. Ils allaient ainsi de village en village, offrant aux prêtres leur temps et leurs marteaux. Les uns se vouaient uniquement à la construction des chapelles dédiées à la sainte Vierge ; les autres s'imposaient l'obligation de sculpter chaque jour un nombre déterminé de feuilles de chêne, de trèfles ou d'arabesques, c'est ce qu'ils appelaient le *chapelet du picoteur* [1].

[1] Parmi tant de monastères célèbres dont les ruines jonchent le sol de la Bretagne, nous nous bornerons à mentionner ici la magnifique abbaye de Beauport, près Paimpol (Côte-du-Nord), dont les imposantes ruines s'élèvent au bord de la mer. Son histoire serait longue. Décrivons seulement en quelques mots le paysage qui de ce point s'offre aux yeux, et qui suffira pour vous donner une idée de ce délicieux pays auquel sa fertilité et sa richesse ont fait donner le nom de *Ceinture-d'Or*. Si, vers le déclin d'un beau jour d'été vous allez vous placer au milieu de l'église de cette abbaye à moitié détruite et qui n'a plus aujour-

Ces artistes cosmopolites transmettaient à leurs fils la science, le goût, les arts, les procédés, la poésie, qui les guidaient dans l'exécution de ces merveilleux travaux. Les statuaires, les imagiers chargés de la peinture des vitraux n'étaient point de froids copistes, de serviles imitateurs des modèles grecs ou de la perfection de la nature; ils étaient créateurs, puisaient dans leur génie, pour les saints personnages qu'ils représentaient, un idéal de pureté et de béatitude intermédiaire entre la vie animée et la vie céleste; sur les tombeaux l'extase, le sommeil du juste inspirant des pensées d'espoir et de consolation : ce n'est plus l'art antique, reflet brillant du polythéisme; c'est l'art chrétien, sublime inspiration de cet âge où une foi vive enveloppait toutes les professions. Aussi, en rencontrant tant d'églises somptueuses au fond des déserts de cette province, tant de clochers légers et transparents qui depuis des siècles bravent les tempêtes, le voyageur se surprend à croire, avec les bons habitants de la Bretagne, que jamais sans doute les fées n'en abandonnèrent le sol fatidique.

Deux siècles après, dans les jours de la *terreur*, quand la révolution couvrait la France de ruines et de sang, et

---

d'hui pour toit que le ciel, vous jouirez d'un coup d'œil ravissant. Les voyageurs empruntent toutes les couleurs de la poésie pour redire leurs impressions. « A l'horizon, dit M. Buron, Bréhat, entouré de ses mille rochers et de ses deux cents voiles, flotte entre la brume et l'Océan; semblable à une île de nuage. Les cloches des chapelles tintent l'*Angelus*, les conques des bergers se répondent du haut des collines; les merles sifflent dans les sureaux, l'alouette descend du haut des airs avec son cri joyeux... Ajoutez à cela le soleil couchant jaillissant en rayons pourprés à travers les dentelures du cloître, le vent soupirant dans les ruines, et, au loin, sur la route, un vieux prêtre s'en allant péniblement son bréviaire à la main, et vous jouissez de la plus douce sensation que le voyageur puisse éprouver en face de la nature. »

que tout homme suspecté de religion passait au compte du bourreau, la piété bretonne fut plus ingénieuse que la persécution. Écoutez :

« Minuit sonne : une lueur vacillante brille au loin sur l'Océan; on entend le tintement d'une cloche demi-perdu dans le grand murmure des flots. Aussitôt de toutes les criques, de tous les rochers, de toutes les anfractuosités du rivage, surgissent de longs points noirs qui glissent sur les vagues. Ce sont des barques de pêcheurs chargées d'hommes, d'enfants, de femmes, de vieillards qui se dirigent vers la haute mer; toutes cinglent vers le même point. Déjà le son de la cloche se fait entendre de plus près; la lueur lointaine devient plus distincte; enfin, l'objet vers lequel accourt cette population réunie apparaît au milieu des vagues!... C'est une nacelle sur laquelle un prêtre est debout, prêt à célébrer la messe. Sûr de n'avoir là que Dieu pour témoin, il a convoqué les paroisses à cette solennité, et tous les fidèles sont venus; tous sont à genoux entre la mer qui gronde sourdement et le ciel tout sombre de nuages!... »

Que l'on se figure un pareil spectacle! La nuit, les flots, deux mille têtes courbées autour d'un homme debout sur l'abîme; les chants de l'office saint, et entre chaque répons les grandes menaces de la mer murmurant comme la voix de Dieu!

Et ce qu'ils ont été, les Bretons le sont toujours. Quel recueillement, quelle gravité dans le maintien de ces hommes et de ces femmes agenouillés sur le pavé des églises! ce n'est qu'à la Trappe qu'on voit une absorption aussi complète de l'être humain dans une pensée qui le remplit : il semble que toutes les fonctions de leur vie soient anéanties ; immobiles dans leur prière, ils demeurent en cette contemplation absolue où l'on se représente les saints, envahis par un sentiment de vénération, de soumission et d'humilité, où l'homme disparait et où il ne reste plus que le chrétien. Voilà ce qui est plus expressif que tous les monuments ; ces actes journaliers d'une dévotion toujours égale montrent l'état habituel de l'âme.

On a fait grand bruit de ce que l'on appelle la superstition des Bretons. Nous avons longtemps habité la Normandie, l'Orléanais, la Touraine, le Berry, et partout nous avons trouvé dans le peuple de ces provinces tout autant d'idées étroites, routinières et de superstitions proprement dites qu'il puisse y en avoir en Bretagne, avec cette différence que la Bretagne a conservé sa foi vive et pure et les vertus qu'elle inspire, tandis que les provinces que je viens de nommer ont beaucoup de superstitions avec une foi vacillante et peu de religion éclairée et pratique. Au reste, pour les abus qu'il y aurait à déplorer sous ce rapport dans un pays ou dans un autre, ce n'est certes pas au Christianisme qu'il faut s'en prendre. « Son action dans cette contrée (la Bretagne) comme partout, dit une autorité qui ne peut être suspecte sur ce point, a été bienfaisante et civilisatrice. S'il n'a pas encore extirpé tous les vices, il n'en a pas créé un seul. »

« Comparez cette population croyante, continue le même écrivain, à celles de nos villes qui ont entendu *la voix de la philosophie*. Mettez près d'un de nos loyaux Bretons *craignant l'enfer*, le gamin de Paris sans foi, ni mœurs, ni loi, et qui n'a plus peur que du sabre du garde municipal. Avec notre instruction publique incomplète, notre propagande philosophique qui abat sans édifier, croyez-vous que le paysan ait beaucoup à gagner en abandonnant toutes ses croyances pour acquérir l'éducation bâtarde de votre peuple en France? — Non, ne condamnez pas légèrement cette foi vive de l'homme des campagnes... En portant la main sur les superstitions, ne passez pas jusqu'aux croyances; et, en attendant que les philosophes aient constitué une morale préférable à celle du Christianisme, un système religieux mieux lié et plus avancé, permettez à l'homme qui souffre et qui est pauvre de s'agenouiller et de croire que quelqu'un voit ses souffrances et sa pauvreté. Vous pouvez refuser le titre d'électeur au misérable paysan breton, mais laissez-lui Dieu et son âme : ce n'est plus rien pour vous, mais c'est encore tout pour lui [1]. »

Vous qui criez si haut contre la superstition, esprits superbes du XIXe siècle, vous ne croyez plus à l'action spéciale de la Providence dans le monde, mais vous croyez sinon au fatalisme astrologique, du moins au fatalisme phrénologique de nos matérialistes contemporains ; vous croyez à la divination, aux sympathies et aux antipathies occultes, aux influences magiques, aux jours propices ou funestes. Vous avez en grande pitié la croyance aux poulpiquets de nos villageois bretons, et vous ne prenez pas garde que vous admettez le jeu mystérieux de forces occultes, l'intervention capricieuse d'esprits subalternes, par

---

[1] Em. Souvestre, *Les derniers Bretons*.

exemple, l'évocation des morts, les conjurations de puissances invisibles, la toute-puissance magnétique d'une âme humaine sur une autre âme, une intuition spontanée qui peut embrasser tout le domaine de l'inconnu, la vision s'opérant par toutes les parties du corps à travers tous les obstacles et à toutes les distances, la science infuse des maladies et des remèdes chez d'ignorants somnambules, en un mot toutes ces folies si facilement propagées parmi les *esprits forts* de notre temps en Angleterre, en France, mais principalement aux États-Unis et en Allemagne. Dans ce dernier pays surtout, des philosophes, des médecins, des savants, pour qui *surnaturel* et *absurde* sont des mots synonymes, acceptent de toutes mains ces merveilles comme les choses les plus simples du monde, et il les expliquent par le *côté ténébreux de l'activité polaire de l'esprit humain :* explication infiniment lucide et satisfaisante, tout à fait à la hauteur des prodiges dont elle prétend indiquer l'origine. Superstitions pour superstitions, j'aime encore mieux nos poulpiquets bretons ; au moins ces petits nains malicieux sont amusants dans les récits de nos veillées, tandis que vos imaginations ne sont que de pédantesques fadaises auxquelles il ne manque qu'un Molière ou qu'un La Bruyère pour en peindre le ridicule.

Préférerait-on à notre poétique et religieuse Bretagne les campagnes *civilisées* qui environnent Paris ? « Ici, dit un observateur judicieux, ici, ni religion, ni arts, ni costumes, ni langue ; il n'ont plus l'ignorance qui retient dans le bien ; la science qui vous y ramène, ils ne l'ont pas encore. La science est belle pour les peuples comme pour les individus, mais c'est lorsque le cercle est entièrement parcouru, et qu'on revient perfectionné à son point de départ. »

> Non, ne me vantez plus vos campagnes de France !
> J'ai vu par l'avarice ennuyés et vieillis
> Des barbares sans foi, sans cœur, sans espérance,
> Et l'amour m'inspirant, j'ai chanté mon pays (1).

IX

LES PARDONS. — AURAY ET LE CHAMP DES MARTYRS. — LE PÈLERINAGE DE SAINTE-ANNE

Les *Pardons* sont les grandes solennités en Bretagne ; ce sont avant tout des fêtes religieuses. Dans ces jours consacrés au culte de quelque saint patron de la contrée, la religion déploie toutes ses pompes. L'église est décorée

---

¹ BRIZEUX. — Quoi qu'en aient dit certains économistes, savoir lire et écrire n'est pas le critérium le plus irréfragable de la moralité et de l'intelligence d'un peuple, témoin les Siamois, par exemple, qui sont à coup sûr le peuple le plus avili de la terre parmi les nations relativement civilisées, et qui pourtant savent tous lire et écrire. — RITTER, *Erdkunde, Asien*, t. III, p. 1152.

« Quelles ténèbres dans notre société à côté de tant de lumières ! Puisqu'on éclaire d'urgence les rues, ne serait-il pas d'utilité publique d'éclairer les consciences ? Il importerait seulement que cette matière première de connaissances imposées aux rebelles qui conspirent de ne jamais savoir ni lire ni écrire, fût saine et simple. Un mauvais lait peut vicier le meilleur sang ; si cette multitude qui répugne encore à l'alphabet ne devait sucer que le venin de ces histoires qui ne sont que des pamphlets, ou de ces doctrines doucereuses et antisociales qu'on pourrait appeler l'absinthe des idées, mieux vaudrait pour elle croupir dans son état primitif. Frelatez, si vous le voulez, le gâteau, mais ne frelatez pas le pain des intelligences ; ne rendez pas la nourriture plus terrible que l'inanition. » — XAVIER AUBRYET, dans le journal *La Presse*.

avec soin, parée de fleurs et de feuillages. Les jeunes filles en blanc, des enfants en tuniques blanches, portent des corbeilles et sèment des fleurs ; des hommes robustes élèvent dans les airs les étendards sacrés ; les vieilles bannières brodées d'or, d'argent et de soie, les croix, les châsses étincellent au soleil ; les statues peintes ou dorées, les dais ornés de riches broderies et surmontés de plumes, s'avancent, au milieu de deux files, d'un pas lent, marqué par le chant des cantiques. D'innombrables pèlerins ont fait de longs voyages et sont venus accomplir les vœux formés pour implorer une grâce, ou remercier Dieu de celles qu'ils ont obtenues ; priant et gravement recueillis, ils suivent l'immense procession.

Parmi les nombreux Pardons établis en Bretagne, il n'en est point de plus célèbres que celui de Sainte-Anne d'Auray [1]. Mais avant de parler de ce pieux pèlerinage, arrêtons-nous un moment à la charmante petite ville qui lui a donné son nom.

Voyez comme elle apparaît gracieuse et riante sur la colline où elle est bâtie en amphithéâtre. Baignée par un bras de mer, elle se dresse au-dessus des mâts et des voiles qui passent entre ses deux quais et paraissent encombrer son petit port. C'est une ville du moyen âge par sa foi religieuse comme par sa structure. Les congrégations laïques,

---

[1] Après le Pardon de Sainte-Anne, au diocèse de Vannes, les plus beaux sont ceux de Notre-Dame de Folgoat en Léon, de Rumengol en Cornouailles, et de Saint-Jean-du-Doigt en Tréguier. Une foule de pèlerins s'y rendent de tous les points de la Bretagne, chantant des cantiques et édifiant les populations qu'ils traversent. C'est à ces grandes assemblées qu'il faut se rendre pour embrasser d'un coup d'œil les costumes variés, élégants ou bizarres, des divers cantons de la province ; on ne peut rien voir de plus pittoresque.

les hospices, les maisons de retraite, les couvents, les œuvres de charité se multiplient dans cette petite ville de six mille âmes, composées de familles d'une vertu et d'une probité antiques.

Une superbe tour dite de *Bethléem*, de deux cent quinze pieds d'élévation, attirait autrefois les yeux du voyageur elle a disparu, ainsi que l'église du xiv° siècle qu'elle surmontait avec élégance. D'un château fort adossé aux flancs si pittoresque du Loc, il ne reste plus que des souterrains oubliés et quelques arcades croulantes. Le Loc, que nous venons de nommer, est un coteau escarpé, surmonté d'un belvédère et transformé en promenade, d'où la vue découvre de tous côtés les plus belles perspectives.

Au levant, c'est une longue route serpentant au milieu des landes au-dessus desquelles s'élèvent les clochers de Ploeren, de Plougoumelin, de Baden, de Vannes, et au delà ceux de Sarzeau et de Saint-Gildas-de-Rhuys ; au midi, c'est ce bras de mer de trois lieues de longueur, qui porte le nom de rivière d'Auray, encaissé entre des collines couvertes de sombres rochers et de bouquets de bois plus sombres encore. On aperçoit des maisons de campagne dispersées çà et là, l'Ile-d'Artz, l'Ile-aux-Moines, les grèves de Locmariaker ; et plus loin Belle-Isle, Houat, Hédic. Au couchant, c'est Carnac et ses mystérieux monuments ; c'est Quiberon et sa plage de désolante mémoire, dont la Chartreuse, qu'on aperçoit au nord, vient compléter le sanglant souvenir.

La Chartreuse est un ancien monastère occupé aujourd'hui par une école de sourds-muets. Son origine remonte à celle de la chapelle de Saint-Michel-du-Champ, fondée par Montfort sur le champ de bataille où périt Charles de Blois, où Du Guesclin rendit à Chandos sa vaillante épée. Destinée de tout temps aux guerriers tombés dans nos luttes fratricides, la Chartreuse protège encore les restes des victimes de Quiberon. Ici nos souvenirs s'assombrissent et notre âme s'enveloppe de voiles funèbres.

Le champ des Martyrs est à peu de distance de la Chartreuse. A son extrémité s'élève un petit temple, de style grec, dans lequel on ne peut pénétrer sans une impression douloureuse. Cette sombre avenue de sapins dont une colone en granit surmontée d'une croix marque l'entrée ; cette arène de sinistre mémoire, apparaissant des terrasses qui l'entourent ; ces marais aux herbes noires ; l'inscription du portique :

Hic ceciderunt !
C'est ici qu'ils tombèrent !

le bruit du vent dans les arbres verts, s'élevant, s'affaiblissant, s'éteignant comme les derniers gémissements de voix expirantes ; la solitude, la désolation qui règnent partout alentour, oppressent le cœur, et remplissent les yeux de larmes amères...

Cette petite chapelle qui est devant vous marque exactement la place où s'est accompli le dernier acte, sanglant, horrible, du drame de Quiberon. C'est à cette place, qu'à cinq cents pas d'intervalle, la chevalerie et la noblesse de France se virent tranchées dans leur racine et dans leur fleur. Quatre mille prisonniers du Fort-Neuf croyaient leur vie assurée par la commisération de Hoche ; mais Tallien et la Convention, sans respect pour la parole donnée, les livrèrent à des commissions militaires chargées de les juger et de les exécuter sous les ordres du général Lemoine.

Enfermés dans les églises, on allait les prendre vingt par vingt, pour les conduire devant les commissions, qui prononçaient sur-le-champ leur sentence. Chaque jour on en amenait quarante, soixante, cent, dans ce pré solitaire, au bord de ce marais silencieux, sous l'ombre épaisse de ces châtaigniers qui dérobaient au ciel l'exécution. Les victimes se rangeaient d'un côté, les bourreaux de l'autre. Pas une parole, pas une plainte ; la détonation mortelle se faisait entendre, multipliée par les échos de la vallée, puis un roulement funèbre des tambours pour couvrir les derniers gémissements des mourants... Et le val de Kerso retombait dans son profond silence !... Mais quittons ces lieux funestes qui oppressent l'âme de tristesse et de deuil. Allons faire notre pèlerinage à Sainte-Anne. Tournons notre pensée et notre cœur du côté du ciel. Après ces lugubres scènes qui viennent de passer devant nos yeux, on éprouve le besoin de se reposer dans l'espérance d'un monde meilleur.

Si, par un beau jour de printemps, vous prenez par la vallée du Kerso pour vous rendre d'Auray à Sainte-Anne, vous y rencontrerez tous les agréments que présentent avec profusion dans cette saison les vallées de la Bretagne. Ce sont de riantes prairies où le ruisseau de Brech promène ses eaux de détours en détours, et porte de moulin en moulin le travail et la joie ; des rochers pittoresques, des massifs de bois d'une délicieuse fraîcheur, où le cri joyeux des oiseaux se perd dans le bruit des cascades et les coups retentissants des battoirs aux mains des laveuses ; près d'elles des enfants qui courent et qui jouent, tout blancs de farine, mêlant au tic-tac du moulin, aux clapotements des eaux, des chansons et des cris de plaisir. Ici c'est un vieux pont délabré d'où pendent des guirlandes de mousse verte ; là ce sont des buissons d'aubépine en fleurs et tout parfumés, abritant sous leur ombre des tapis émaillés de primevères dorées et de pâquerettes blanches. C'est la retraite de mille oiseaux ; le rossignol y chante tout le jour, le rouge-gorge s'y promène sur les sentiers, l'hirondelle glisse sur l'eau, la linotte gazouille sur la branche, l'alouette dans la nue. C'est partout un harmonieux ensemble d'eaux limpides, d'herbes fraîches, de landes fleuries, d'ombrages ondoyants et de toits de chaume, gracieusement encadrés par des collines en amphitéâtre et doucement éclairés par le plus beau ciel.

On se dit, chemin faisant : Il ne se peut faire qu'il n'y ait, dans ses campagnes, de la paix, du bonheur; une douce influence d'en haut s'y fait partout sentir; il doit y avoir, dans le voisinage, quelque sanctuaire d'où s'exhale un encens divin qui parfume ces bords, réjouit et vivifie les cœurs... Pendant que ces réflexions vous occupent, nous arrivons à Sainte-Anne.

La réédification de cette église, dédiée à la mère de la sainte Vierge, remonte au commencement du XVIIe siècle. Sous le règne de Louis XIII, un bon paysan de la paroisse de Pluneret, Yves Nicolazic, habitait un petit village nommé *Ker-Anna* (village d'Anne), du nom d'une très ancienne église de Sainte-Anne détruite depuis plus de neuf cents ans. Il n'en restait qu'un souvenir confus et quelques débris dans un champ appelé le *Bocenno*. La tradition d'une antique chapelle bâtie à cette place, au temps des Romains, s'était conservée dans le pays, et de tout temps l'on avait remarqué que, dans cette partie du champ du Bocenno, la charrue n'avait pu passer sans se rompre et les bœufs sans s'effrayer[1]. Aussi avait-on soin de recommander au nouveau fermier qui entrait dans le Bocenno de prendre garde à l'endroit des ruines.

A ce fait, qui paraissait surnaturel, il s'en joignit plusieurs autres non moins inexplicables. Nicolazic entendit dans son champ une mélodie mystérieuse, et vit en même temps une grande lumière qui s'étendait de ce champ jusqu'au village de Ker-Anna. Une autre fois, environ une heure après le coucher du soleil, son beau-frère et lui, s'étant rencontrés en ramenant leurs bœufs près de la source visitée maintenant par tous les pèlerins, aperçurent, le visage tourné vers la fontaine, une femme d'un aspect vénérable, « vêtue, dit la légende, d'une toile de fin lin, blanche comme « neige, telle que les Évangélistes nous décrivent le vête- « ment de Jésus transfiguré sur le Thabor. » Effrayés, les deux laboureurs s'enfuirent; puis ayant réfléchi et s'étant un peu rassurés, ils revinrent sur leurs pas pour voir ce qu'était devenue cette dame qui leur avait paru si majes-

---

[1] Selon dom Lobineau, cette chapelle serait tombée de vétusté en 699. On peut supposer qu'elle eut de l'importance, si l'on considère qu'elle était située sur le bord d'une voie romaine.

tueuse, mais ils trouvèrent la source déserte, sans aucune trace de l'apparition.

Dans la suite, Nicolazic fut favorisé bien des fois encore de la même apparition, soit au bord de la fontaine, soit dans sa grange ou dans sa maison bâtie en partie de vieilles pierres provenant de l'antique chapelle. Une nuit du mois d'août qu'il s'était couché sur la paille de sa grange, il entendit, vers minuit, comme le bruit confus d'une grande multitude arrivant de tous les côtés. Surpris, il se lève, ouvre la porte de la grange, parcourt des yeux la campagne, mais au lieu de l'immense foule qu'il s'attendait à voir et des voix innombrables qu'il avait cru entendre, il ne distingua que les prairies solitaires, voisines de sa demeure, et le murmure du vent dans les châtaigniers. Rentré dans sa grange, Nicolazic se mit à prier, et tout à coup la dame mystérieuse parut devant lui, toute éblouissante de lumière. Cette fois elle lui dit son nom et parla de la chapelle du Bocenno, la première qui eût été bâtie en son honneur en Bretagne. De plus, elle le chargea d'aller raconter au recteur de Pluneret, dom Rodüez, tout ce qu'il avait vu et entendu.

Nicolazic s'y décida, mais, comme il s'y était attendu, il fut traité de visionnaire. Le bon paysan ne perdit pas courage. Sur ces entrefaites, eut lieu la découverte de la statue de la sainte, enfouie dans le Bocenno depuis plus de neuf siècles. Il en conçut l'espoir qu'une église, qu'on lui enjoignait de bâtir, serait prochainement érigée.

Cette découverte, qui avait été précédée de tant de prodiges, fut accompagnée de circonstances merveilleuses dont

Nicolazic ne fut pas seul témoin. Un flambeau, tenu par une main invisible, guidait les cinq laboureurs qui le suivaient à quelques pas, et, quand ils furent entrés dans le Bocenno, cette lumière surnaturelle s'éleva et s'abaissa trois fois avant de disparaître, à la place où le nommé Le Roux, ayant ouvert une tranchée, rencontra la sainte image. Dès la même semaine, un nombre considérable de personnes accoururent pour la contempler. Nicolazic trouvait déjà dans cette affluence une justification de la vision plusieurs fois renouvelée, par laquelle il lui semblait entendre autour du Bocenno les pas et les cantiques d'une grande multitude.

En mars 1625, l'évêque de Vannes, messire Sébastien de Rosmadec, après une enquête sévère sur tout ce qui s'était passé, décida l'érection de la chapelle actuelle, qui est une croix latine dans le style renaissance. La première pierre fut posée cette même année, le jour même de la fête de sainte Anne, au milieu d'un concours de trente mille pèlerins. Les dons pleuvaient au pied de l'image vénérée. Bientôt l'église s'éleva, et avec elle la maison des Carmes destinés à veiller au culte de la sainte et à exercer l'hospitalité envers les pèlerins. Peu de temps après l'arrivée des pères, on construisit, pour abriter les pieux voyageurs accourant de toutes les parties de la Bretagne et de plusieurs autres provinces, les galeries couvertes qui entourent la cour des deux côtés de la *Scala Santa*[1]. Le bâtiment

---

[1] Mot italien qui signifie *escalier saint*. C'est à Rome un portique qui présente cinq arcades de front avec trois rampes d'escalier. Celle du milieu passe pour être faite de quelques degrés de la maison de Caïphe, apportés de Jérusalem à Rome et sur lesquels Notre-Seigneur Jésus-Christ aurait passé, lorsqu'il fut transféré de Caïphe chez Pilate. Ces degrés, au nombre de vingt-huit, sont recouverts d'autres degrés, faits de marbre, qui ont pour objet de les conserver.

ainsi nommé, parce qu'il est construit sur le modèle de la *Scala Santa* qui se voit à Rome près de l'église de Saint-Jean-de-Latran, présente, entre deux voûtes placées l'une au-dessus de l'autre, un autel servant à la célébration des saints mystères les jours de grandes assemblées, quand l'église ne peut suffire à contenir la multitude des assistants. L'élévation de l'autel de la *Scala Santa* permet à vingt mille personnes d'y suivre des yeux les cérémonies de la messe; et la disposition des deux escaliers, placés l'un à droite, l'autre à gauche de l'autel, prévient la confusion, quand, se suivant à la file, les communiants se succèdent à la Table sainte. Quant à Nicolazic, qui pourrait redire sa joie et son bonheur, quand il vit sa *bonne dame et maîtresse* honorée à Ker-Anna, comme il le désirait si ardemment! Comblé des témoignages de considération dont la foule aimait à l'entourer, il s'y déroba et alla se cacher dans une petite métairie, à Pluneret, où il vécut vingt ans encore, bénissant Dieu et faisant le bien.

Il est enterré dans l'église de Sainte-Anne, au pied d'un pillier qui sépare la chapelle de la Vierge de celle dite de Sainte-Anne, à l'endroit même où il découvrit la statue de la sainte.

Glorieuse mère de la Vierge Marie, de la femme *bénie*

La *Scala Santa*, qu'on monte à genoux, est un sujet journalier de dévotion et de pélerinage à Rome.

Avant la révolution, on voyait à la *Scala Santa* de Sainte-Anne, un précieux groupe de statues en pierre représentant le mystère de l'*Ecce-Homo*. La faux du vandalisme ne pouvait respecter ces souvenirs. Les statues pleines de vie ont été brutalement brisées. Celles de la Sainte-Famille qui les remplacent aujourd'hui, ont été tirées en 1815 d'un ancien et magnifique retable des Cordeliers d'Auray, qui est également tombé sous des mains barbares ; et toute cette cour de Sainte-Anne, si heureusement inspirée aux Carmes par des souvenirs orientaux, s'est laissé partout déformer par des constructions profanes.

entre toutes les femmes[1], qui prophétisa il y a dix-huit siècles que *toutes les générations l'appelleraient bienheureuse*[2], il m'a été donné de prier, de me prosterner sur les dalles de votre chapelle sainte, de contempler ce sanctuaire vénéré où éclatent de toutes parts, en *ex-voto*, les témoignages de la reconnaissance des pieux pèlerins que vous avez exaucés, consolés; illustre patronne de la Bretagne, ne cessez d'accorder votre protection toute-puissante à cette belle province qui vous a toujours honorée d'un culte si fervent. Obtenez-lui de conserver la foi, la piété, l'attachement aux bonnes et saintes traditions, la gravité des mœurs chrétiennes, qui font la force, la dignité des peuples, et leur plus solide bonheur.

X

AUX CONTEMPLATEURS DE LA BRETAGNE

Pour répondre à d'injustes préventions contre la beauté naturelle de notre pays, nous avons essayé de redire la poésie de nos rivages, la fleur de nos landes, la fécondité

---

[1] *Benedicta tu in mulieribus;* la Salutation angélique.
[2] *Ex hoc beatam me dicent omnes generationes;* cantique de Marie, Évang. de S. Luc, I. 48. Lecteur incrédule, entre les mains de qui peut-être tomberont ces pages, permettez-moi de vous le demander, qu'eussiez-vous dit si vous aviez entendu ces prophétiques paroles dans la bouche de Marie il y a dix-huit cents ans? Avouez le, vous n'auriez point eu de termes assez énergiques pour qualifier une telle extravagance et pour exprimer votre pitié... Eh bien! pourtant, regardez autour de vous : dites-moi, *s'est-il fait de grandes choses en Marie?*.. Est-il vrai que *toutes les générations l'ont appelée bienheureuse?*.. Répondez... Expliquez-nous cet étrange mystère; expliquez-nous le *Magnificat*...

de nos vallées, la profondeur de nos bois. On ne peut voir sans émotion le caractère étrange et grandiose de nos monuments, ni écouter sans intérêt les récits merveilleux de nos légendes ou les airs de nos chansons d'autrefois ; même les plus indifférents trouvent un charme secret dans cette vague mélancolie qui semble empreinte dans tous les aspects de notre Bretagne, cette vieille terre, chargée de tant de souvenirs, éternellement battue par les vents et les flots de son Océan sauvage. Nous n'avons point oublié la première vertu des peuples bretons, la foi chrétienne, cette conviction sublime, qui porte en haut tous les instincts de l'âme et lui communique la force, la dignité, un calme heureux, la douce sérénité des plus saintes espérances.

« Ah ! si tant de voyageurs qui passent inattentifs et distraits, avaient, comme nous, cueilli la pâquerette et le bleuet dans nos champs ; et dans nos landes, la bruyère rose et la gentiane bleue ; s'ils avaient suivi dans nos vergers l'abeille butinant sur les pommiers en fleurs ; s'ils avaient, avec nous, fléchi le genou dans nos chapelles, dont les flèches élancées vers le ciel semblent y porter nos actions de grâces et nos modestes vœux, ils verraient des mêmes yeux que nous nos champs, nos bois et nos vallées, et ne jetteraient plus l'insulte à ceux qui aiment, rêvent et prient dans cette pittoresque Bretagne, qui, pudique épouse et tendre mère, ne révèle ses touchantes beautés et ses trésors cachés qu'à celui qui la chérit et qu'à ceux qu'elle a nourris [1]. »

---

[1] « Avec ses landes si pauvres et ses guérets si fertiles, ses gracieuses prairies et ses âpres rochers; avec cette nature moitié sauvage et moitié cultivée;

Mais voici un autre genre de reproches que l'on s'est cru en droit d'adresser à la Bretagne. Les enthousiastes à courte vue des lumières du xixᵉ siècle se sont plaints de la persistance des Bretons à repousser les innovations qui auraient pu améliorer leur bien-être, et de leur résistance à ce que le siècle présent appelle le progrès matériel.

« La Bretagne, se demande M. Aur. de Courson, est-elle donc peuplée de barbares, réfractaires à toute civilisation? Cette croyance a régné jusqu'à ces derniers temps; c'est hier seulement que des hommes graves et savants, étrangers à notre province, ont protesté contre ces calomnies du passé.

« Deux hommes, dont personne ne conteste le mérite et la science, ont parcouru la Bretagne en 1840 et en 1844. Une savante compagnie leur avait confié la mission d'explorer l'Armorique au triple point de vue moral, agricole et industriel. On s'attendait, sans nul doute, à des plaintes amères sur l'abrutissement d'une population courbée, depuis treize siècles, sous le joug du catholicisme et de la féodalité. La lecture du rapport de MM. Villermé et de Châteauneuf causa au sein de l'Académie des sciences morales le plus profond étonnement : Quoi! ces paysans qui pratiquent avec tant de fanatisme la *religion du moyen*

---

avec ses vallons où vous jouissez d'une paix si profonde, tandis que la tempête mugit autour de vous; avec cette mer souvent si terrible, mais parfois si engageante et si belle; avec ce ciel nébuleux entremêlé de jour, où le soleil est si doux; la Bretagne a plus de charmes pour certaines imaginations que les jardins les plus irréprochables, que les campagnes où il ne reste pas un pouce de terre à défricher, que les rivages où le ciel ni la mer ne sauraient prendre un air sombre et menaçant. C'est pour ses enfants surtout que ce pays a un attrait inconcevable; il n'en est point au monde où l'homme soit plus attaché au sol qui l'a vu naître. » —Aug. Billiard.

âge; quoi! les fils de ces brutes à face humaine qui répondaient aux commissaires de la Convention : « Faites-nous bien vite guillotiner, afin que nous ressuscitions le troisième jour. » Quoi ! ces hommes qui *déshonoraient la guillotine !* voilà que deux savants économistes, fort peu suspects assurément d'exaltation poétique, viennent célébrer leur énergie, leur loyauté antique, leur noble fierté, la sincérité et l'élévation de leurs croyances ? Il y avait là de quoi bouleverser les systèmes les mieux arrêtés. La publication des chants populaires de l'Armorique, recueillis et traduits par M. de la Villemarqué, a porté le dernier coup aux accusations sans fondement des calomniateurs de la vieille province catholique. Ainsi, tandis que, dans les départements du centre de la civilisation, les classes populaires, vivant d'une vie toute matérielle, adonnés à tous les vices qui dégradent, sont descendues au dernier degré de l'échelle morale et intellectuelle, aux extrémités de la France un peuple se rencontre doué de l'imagination la plus brillante, et qui, par son énergie, sa foi inébranlable et sa haute moralité, semble former comme une race à part au milieu des types effacés et des mœurs abâtardies d'une civilisation toute matérielle[1] ! »

Nous avons quelquefois entendu des hommes à vue étroite exalter l'industrie au détriment des pays qui sont restés jusqu'ici plus agricoles que manufacturiers, et qui ont ainsi mérité aux yeux de ces esprits superficiels l'in-

---

[1] *Histoire des peuples bretons*, couronnée par l'Académie des Inscriptions et Belles-Lettres. M. Villermé écrivait à M. de Courson :

« Si je parlais bas-breton, c'est parmi vos compatriotes que je voudrais vivre. »

jurieuse épithète d'arriérés. Est-ce donc l'industrie qui forma les beaux caractères des Romains de la République, célébrés par Corneille? Est-ce à elle que nous devons le grand siècle de Louis XIV et toutes ses gloires? Avez-vous remarqué, parmi les populations, dans les districts manufacturiers et les grands centres industriels de l'Angleterre, plus de culture intellectuelle, plus de dignité morale, moins de misères et de vices dégradants?... L'expérience en est désormais acquise, l'agriculture est, après la religion, l'élément moralisateur par excellence. Il n'y a plus d'illusion à se faire; dans les pays d'industrie, le niveau de la moralité baisse, la misère augmente, et à côté des grands succès on signale les grands périls.

Il y a une royauté morale et de nobles instincts que l'homme doit travailler à conquérir sous peine de descendre vers l'ilotisme; eh bien! ce sont les travaux agricoles, de concert avec les croyances religieuses, qui placent l'homme dans les meilleures conditions pour s'élever à cette hauteur morale dont nous parlons. Le contact habituel des populations agricoles avec la nature les tient constamment en face de Dieu, qui se révèle à leur cœur à travers tous les phénomènes dont elles sont témoins chaque jour. Toutes ces forces bienfaisantes ou fatales qui fécondent ou désolent les campagnes, leur parlent avec éclat du Maître souverain dont elles dépendent et qui seul les tire à son gré des trésors de ses vengeances ou de ses miséricordes. Rien ne peut voiler son intervention, ni dans les succès qu'elles recueillent ni dans les calamités qu'elles éprouvent.

Il n'en est pas ainsi dans les grandes industries. Ici trop

souvent l'homme ne voit que lui-même. Ces vastes machines, c'est son œuvre ; les merveilles qu'elles produisent, c'est son génie qui les fait éclore ; les catastrophes qu'elles subissent, c'est encore à lui-même qu'il les attribue ; c'est le résultat de ses imprévoyances ou d'autres causes funestes mais toujours purement humaines. C'est l'homme lui-même qui se contemple dans tout ce jeu des mécanismes ; il n'y a pas de place pour l'action divine ; aussi finit-il souvent par n'y plus croire. Tout s'explique à ses yeux par sa puissance ou sa faiblesse et par les lois fatales qu'il a entrepris de dompter et de s'assujettir.

Ce scepticisme est impossible chez l'homme livré aux travaux des champs. Constamment en présence du spectacle de la nature, il conserve le sentiment profond d'une Providence qui s'impose comme forcément à ses convictions. Ce sublime apostolat de la nature a d'autant plus d'efficacité que la voix perverse des docteurs de mensonge, habitants des cités, n'est pas là pour en contrebalancer l'influence. Il vient chaque dimanche éclairer son intelligence, fortifier son cœur aux religieux enseignements du prêtre vénérable, de l'humble curé de son village qui l'invite à servir Dieu de concert avec les cieux et la terre qui lui en racontent la gloire.

> Après six jours d'ennuis et de rudes travaux
> Pour le pain nécessaire et pour tant d'autres maux,
> Il est doux lorsque luit le matin du dimanche,
> De voir en beau costume, habit bleu, coiffe blanche,
> A la messe du bourg venir ces travailleurs :
> Ils marchent sérieux par les sentiers en fleurs,

> A travers les grands blés, au bord des vertes haies,
> Humant à pleins poumons la senteur des futaies,
> Et ravivés par l'air, l'aspect de chaque lieu,
> Ils entrent souriants dans la maison de Dieu [1].

Fatigues du corps qui modèrent les rébellions des sens, frugalité dans la nourriture qui en prévient les brutales excitations; simplicité modeste, répandue autour de lui, qui laisse reposer en paix son cœur et son imagination; régularité de vie qui lui fait trouver le bonheur dans un attachement invariable à l'esprit de famille; oubli des lassitudes du jour, au retour des champs, le soir, au foyer, lorsqu'il voit accourir dans ses bras ses jeunes enfants, espoir adoré de son avenir, sur le front desquels rayonne, avec la santé, le charme de l'innocence : où est le vrai bonheur s'il n'est là?

Il est bien d'autres considérations que nous pourrions ajouter. Par exemple, où trouve-t-on, en général, un plus souverain bon sens que chez nos agriculteurs quand ils n'ont pas été pervertis par un trop fréquent contact avec les villes? Ils sont exempts de ces ambitions chimériques, ce fléau populaire de notre temps; ils sont contenus dans leurs désirs, modérés dans leurs vœux. L'esprit pratique leur fait repousser ces utopies qui promettent aux populations industrielles la fortune sans travail et le bonheur sans sacrifices. Eux, ils ont été instruits aux leçons de la Providence; ils savent bien que la terre ne se féconde que par les sueurs, que le froment ne germe que par les larmes, que nul arbre ne porte de bons fruits qu'après qu'on en a

---

[1] BRIZEUX.

taillé les rameaux. Observateurs judicieux des choses, ils ne donnent jamais accès dans leur esprit à ces rêves fantastiques qui promettent la jouissance sans peine et sans travail.

Habituellement calmes d'esprit, dégagés de passions mauvaises, pleins de respect pour les enseignements de leurs pères, ils se forment par là une rectitude de jugement qui les met ordinairement en possession d'une saine expérience. Il n'est pas rare de rencontrer parmi eux des vieillards, véritables patriarches, qui vous étonnent par la haute sagesse de leur raison. Ils possèdent bien mieux qu'une foule de lettrés la science de la vie. Ils apprécient les événements avec plus d'exactitude et d'un point de vue plus élevé. Ils prononcent des sentences, ils citent des proverbes où la profondeur de l'observation se produit dans un langage embaumé de la poésie la plus pittoresque. Enfin ils savent rester invariablement fidèles à la cause de l'ordre et de la tranquillité. Pleins d'un religieux respect pour les droits et les pouvoirs établis par la Providence, on ne les verra jamais se jeter dans les révolutions comme provocateurs ou comme complices; ils sont, au contraire, dans les commotions politiques, comme l'ancre qui retient le vaisseau social sur son lest et l'empêche de courir aux écueils.

Ainsi se vérifie cette parole d'un ancien : « La vie des champs, sans aucune contestation, touche de près à la sagesse; on dirait qu'elles sont de même sang et de même race [1].

---

[1] *Voy.* la note IX, à la fin du volume.

« Il semble, quand on se donne la peine d'aller au fond des choses, que le lot de la Bretagne n'est pas tant à dédaigner. »

« Tout travail est béni ; mais nous autres Bretons,
Dieu nous fit laboureurs : tels qu'il nous fit, restons. »

LA BRETAGNE
CELTO-GAELIQUE

> Tu fouilles la terre, ô Européen ! Tu y trouves des fleurs antidiluviennes. Permets-moi de gratter le sol où fut planté le germe divin dont tu fournis aujourd'hui, la plus élevée des tiges. — Le B°° d'Eckstein.

MONUMENTS CELTIQUES

I

GÉOGRAPHIE DES MONUMENTS CELTIQUES. — MIGRATIONS DES PEUPLES. — LES DOLMENS, ESSAI D'INTERPRÉTATION. — IMMORTALITÉ DE L'AME. — UN SOIR SUR LA BRUYÈRE DE CARNAC.

Nous voici ramenés à des monuments dont l'étude provoque de profondes recherches et embrasse l'horizon de l'antiquité primitive presque tout entière. Efforçons-nous de porter, s'il est possible, quelque lumière dans ces régions crépusculaires de l'histoire et de la tradition.

Si, nous appuyant sur les données combinées de la linguistique, de l'histoire et de l'archéologie, nous remontons le cours des âges et la ligne des émigrations pour découvrir le point de départ ou le berceau de la famille indo-européenne à laquelle nous appartenons, nous sommes conduits sur le plateau de la Bactriane, dans l'Asie centrale, entre la mer Caspienne et le nord de la chaîne de l'Himalaya [1]. Là, aux premières lueurs de la tradition, nous apercevons, au milieu des agrégations sociales qui s'y sont formées, deux courants d'émigrants, qui se sont produits dans les temps qui précèdent l'histoire : l'un s'en va vers les contrées du sud-est et jusque par delà le Gange, pour y former des monarchies ; l'autre se dirige particulièrement à l'ouest, vers l'Europe, soit par le sud de la Caspienne et l'Asie méridionale, soit par le nord et l'Oural. Ces dernières tribus paraissent continuer les goûts primitifs de l'homme ; elles répugnent aux habitudes sédentaires ; elles dédaignent le séjour des villes et préfèrent la vie nomade dans le voisinage des montagnes ou le long des fleuves, avec leurs troupeaux et leurs grands chariots qui portent leurs familles et leurs trésors.

Nous nommons celtique (peut-être du gaélique *coillte*, forêt) la race à laquelle appartiennent ces peuples pasteurs. Mais nous devons faire observer qu'avant d'avoir été connus sous le nom de Celtes (Keltes) et ensuite de Galls ou Gaëls [2], Gaulois, ils avaient été désignés par celui de Scythes (Skythes) ou de Celto-Scythes, nom que les Grecs donnaient indistinctement à toutes les nations qui habitaient le long du Danube et au delà de ce fleuve jusque dans le fond du Nord [3].

Afin de rendre plus sensibles les itinéraires des tribus japhétiques et leur point de départ, nous emploierons la figure suivante, que nous empruntons à M. Pictet.

---

[1] Du sanscrit *hema*, neige ; *alaya*, lieu. C'est l'ancien Imaüs.
[2] Contracté de *Gouezel*, pays forestier, sauvage.
[3] C'est ce que dit positivement Strabon : Veteres Graecorum scriptores, universas gentes septentrionales, Scythas et Celto-Scythas apellaverunt. » — *Geogr.* l. IV.

Cette ellipse avec les lignes qui la traversent, reproduit les positions géographiques des principaux peuples de la grande famille indo-européenne ou aryanne. Le foyer de l'ellipse ou petit cercle représente la Bactriane, berceau commun, et les lignes qui partent de ce centre indiquent

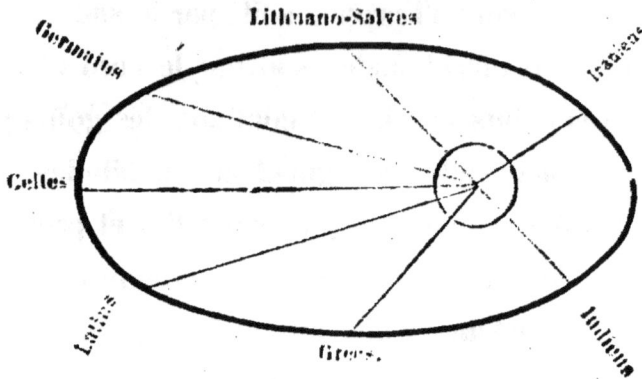

Fig. 8. Ellipse pour faire comprendre les migrations des peuples de race japhétique.

les directions que ces peuples ont d'abord suivies. Les Iraniens, après avoir gagné le nord-est, en sont redescendus plus tard pour venir occuper l'Iran. Les Ario-Indiens ont pénétré dans le Caboulistan et de là dans l'Inde du Nord. Les autres peuples ont gagné successivement les diverses contrées de l'Europe où nous les trouvons fixés plus tard. Quel a été l'ordre chronologique de ces migrations? On ne pourrait le déterminer que par conjecture. Toutefois les Celtes paraissent s'être séparés les premiers. Il est même très vraisemblable que la première rupture de l'unité n'eut lieu qu'entre deux grandes tribus aryannes, les **Aryas** proprement dits, et les **Sceltes** ou **Scythes** ou tout autre nom, et de ces derniers seraient sortis tous les rameaux qui, sous différentes dénominations, ont peuplé l'Europe et quelques parties de l'Asie.

« Des indices de plus d'un genre, tirés soit des langues, soit des données géographiques, tendent à montrer que les Celtes et en particulier le rameau gaélique ont été les premiers émigrants vers les contrées lointaines de l'Occident[1]. »

M. J. Oppert dit sous forme de doute : « Les langues celtiques se rattachent au sanscrit, mais elles ont avec lui un rapport plus éloigné : furent-elles donc parlées par des populations qui les premières se détachèrent de la souche commune, et surtout de cette partie dont plus tard sortaient les Indiens ?[2]. »

Diodore de Sicile nous montre les Celto-Scythes au bord de l'Indus; Ammien-Marcellin les identifie sous le même nom aux Perses; Anquetil Duperron a très heureusement rapproché les dieux des deux nations, rapprochement déjà commencé par Homère. Les Mèdes sont des Iraniens, et les Iraniens sont des Scythes primitifs. La langue Zend, l'antique idiome sacré des Mages, eut son berceau dans l'Arye, à côté du sanscrit, et le nom royal, Yemschid, est rapporté par E. Burnouf à Jama-Schaëta, *Scythe brillant*[3].

Depuis les temps les plus reculés de l'antiquité jusqu'au vi[e] siècle de notre ère, dans le mouvement de l'Orient vers l'Occident, ce sont des flots de peuples qui se succèdent et se superposent à d'autres flots; mais sous des noms divers, c'est toujours la même race à des stations diffé-

---

[1] Pictet, *Les Origines indo-européennes*, p. 33. — *Voy.* Spiegel, dans les *Beitraege*, etc., de Kuhn et Schleicher, I.
Toutefois quelques autres savants parmi lesquels il faut compter M. J. Oppert, pensent que les Basques ont précédé en Europe les *Celtes ariens*. *Discours d'ouverture au cours de sanscrit*, par M. J. Oppert (1857).
[2] *Ubi supra*.
[3] M. Bergmann vient de faire rentrer les anciens Scythes dans la famille aryenne. *Voy.* son livre intitulé *Les Scythes*, (Colmar chez Deckers). — *Voy.* Plutarque, *Vie de Marius*. — Strabon, l. I.

rentes, ayant fait un pas vers le midi pour chercher du soleil ou de l'agriculture ; vers l'occident pour chercher de l'espace et des pâturages, tantôt modifiant ses mœurs par une industrie, une arme nouvelle, le perfectionnement d'un procédé; tantôt échangeant son nom contre une épithète orgueilleuse, contre le nom d'un chef illustre, d'une tribu vaillante ; subissant, à travers les âges, les influences des sites, des latitudes, du contact des tribus étrangères avec lesquelles elle formait des alliances ou des relations de commerce. De là, en Europe, à toutes les époques, ce réseau de peuples nombreux dont l'histoire reste incomplète, obscure, souvent impossible [1].

C'était l'orgueil des anciens Grecs et Romains de ne vouloir rien de commun entre eux et les étrangers, Germains, Gaulois, etc., qu'ils appelaient barbares et dont ils faisaient des sujets, des esclaves, des gladiateurs. Quel n'eût pas été leur étonnement d'apprendre que leurs poétiques idiomes, que la langue d'Homère et celle de Virgile touchaient de si près à celle de ces nomades détestés comme les ennemis des dieux et des hommes? Le christianisme ne pouvait rien faire de plus hardi que de reconnaître chez les peuples germaniques les frères des Romains et des Grecs, et la science moderne ne pouvait rien tenter

---

[1] Aussi en abordant ces dernières limites de l'horizon, ces lointains de l'histoire, où toutes les teintes se confondent en une teinte vague, uniforme, dans laquelle les objets deviennent indistincts et s'effacent, combien de fois n'est-on pas tenté de répéter avec notre poète :

> Titans, Celtes, Bretons, de ruine en ruine
> Comment donc remonter jusqu'à votre origine,
> Race des premiers jours? Sous vos noms différents,
> Comment suivre vos pas, hommes toujours errants?

de plus honorable que de ressaisir les preuves de cette parenté. Il était réservé à la philologie, à une étude qui passe pour oiseuse et stérile dans l'esprit des savants superficiels, d'arriver à des découvertes si fécondes, de contredire toutes les conjectures des matérialistes, d'établir la communauté d'origine entre ces races blondes aux yeux bleus, à la grande stature, qui erraient dans les solitudes du Nord, et les peuples brunis par le soleil, d'une plus petite taille, d'un sang bouillant, qui bâtissaient des villes, creusaient des ports, ouvraient des écoles sous le ciel lumineux du Midi. Il reste assurément beaucoup à faire pour ramener à la même unité les races dispersées sur le reste du globe; mais il suffit que tous les travaux historiques du xix° siècle tendent à la démonstration du dogme chrétien de la fraternité, de la solidarité universelle. Il faut bien que l'avenir ait des questions à résoudre, et que la vérité, en s'éclairant toujours, conserve assez de difficultés autour d'elle pour tenir en haleine l'activité méritoire de l'esprit humain.

La langue que parlent aujourd'hui les populations de la péninsule armoricaine démontre suffisamment leur origine aryanne. Toutefois nous pouvons à cette preuve en ajouter une seconde qui vient la corroborer.

Pour arriver au premier point de départ de la race celtique, il nous suffira de remonter vers l'Orient les lignes de monuments dont elle a marqué ses pas dans ses migrations.

Nous arriverons ainsi sur les hautes terres de l'Asie centrale, dans l'angle formé par la rencontre de l'Imaüs et du Paropamisus[1]. C'est la région ouest du haut Kasgar, au nord-ouest de Kashmir, dans le voisinage de la première station connue des Pandous, souche primitive des Celtes. Non loin de là est la première grande cité troglodyte, la cité sacrée, Bamian (Adrepsa), au nord de laquelle commencent et divergent les monuments dont nous nous occupons. A partir de ce point, une ligne de ces monuments suit le flanc méridional de la chaîne du Paropamisus (Indou-Khouch), qu'elle franchit au nord pour entrer dans l'Arménie, tandis qu'une autre ligne descend l'Indus jusqu'à la mer. Cette ligne se divise en deux nouvelles lignes, dont l'une va à l'est, et l'autre se dirige vers l'intérieur de la Perse méridionale[2]. La ligne de l'est suit la côte jusqu'au Coïmbatoor[3], et de là jusqu'en Chine et dans les îles de l'océan Pacifique.

Donnons une idée, en passant, de ces monuments lointains et d'origine inconnue.

---

[1] Les compagnons d'Alexandre l'appelèrent *Caucase* parce qu'ils le regardèrent comme une prolongation du Taurus. Toutes ces contrées, au nord et à l'ouest de l'Inde, jusqu'aux limites de la Perse et du Turkestan, ont été, dans les temps les plus reculés, non seulement le siège de la civilisation indienne, mais encore le berceau de puissants royaumes et de nombreuses dynasties.

[2] Un dolmen complet, qui existe à Darab, en Perse, a été décrit par sir Ouseley.

[3] Au centre du Dek-Kan (Hindoustan), on rencontre dans le district d'Hyderabad, près d'Oupulgatt, des enceintes de pierres brutes dressées sur le sol en forme de cercles. Les naturels les appellent *Rakchasas*, c'est-à-dire *maisons des géants*. M. Congrève a rencontré beaucoup de kroummleac'hs sur les Neilghery, dans le voisinage de la grande chaîne des Ghates, près d'Outramaloor, district de Chingleput, près du mont Saint-Thomas, etc. *Mémoires des antiquaires de France*, M. Biot. Vol. XIX.

Thom. Moore (*Hist. d'Irlande*), nous peint l'étonnement d'un voyageur breton, qui, côtoyant le Malabar, apercevait sur le rivage des dolmens dont l'aspect le transportait par la pensée dans sa patrie et lui rappelait les bruyères et les rivages de l'ancienne Armorique où il avait vu de semblables monuments.

Arrivé aux îles Mariannes, J. Arago, dans sa *Promenade autour du monde*, interroge l'alcade :

« Voici, sur la plage, des pierres oblongues : alcade, que sont ces pierres? — Les pierres des antiques. — Et ces pilastres surmontés d'une demi-sphère? — Les pilastres des antiques. (Voy. fig. 9.) — Et cette longue file de colonnes sur deux lignes parallèles? — Tout cela a été bâti par les antiques. — Quel était ce peuple? Qu'est il devenu? A-t-il

FIGURE 9. — Monuments de l'île Tinian (îles Mariannes).

émigré? S'est il éteint? — Je l'ignore. » (Voy. fig. 10.)
Les monuments observés par Cook, Kotzebüe, etc., dans l'île Vaïhou ou de Pâques, sont des espèces de statues de forme extrêmement bizarre, hautes de dix, quinze et

vingt pieds, dont le buste est surmonté d'une sorte de coiffure de quatre à cinq pieds de diamètre, qui rappelle le *psenth* des dieux égyptiens. (Voy. fig. 11.) Kotzebüe y vit, au bord de la mer, un grand nombre de piliers d'une seule pierre surmontés d'une dalle blanche[1].

Reprenons notre itinéraire. La ligne de l'ouest suit

Figure 10. — Monuments de l'île de Rota (îles Mariannes).

l'Helmend, à travers le désert de l'Iran jusqu'à Persépolis, et gagne le haut Tigre jusqu'à la rencontre de la ligne du Paropamisus, sur les hautes terres de l'Arménie, « contrées, dit Fréd. Schlegel, qui furent de tout temps le ren-

---

[1] Les moraïs de l'Océanie, consacrés aux divers ordres de divinités, sont formés de pierres quelquefois énormes. Wigut ; Th. Moore, etc.

dez-vous des peuples et le théâtre de leurs migrations. »

On a compté plus de cent cinquante dolmens sur ces diverses lignes.

Deux lignes nouvelles partent de l'Arménie. L'une de ces lignes côtoie le nord de l'Asie Mineure, passe en Grèce[1] et en Italie ; l'autre longe les rivages de la Méditérranée, en Asie[2] et en Afrique.

Arrêtons-nous un moment dans cette dernière contrée. Des monuments celtiques y ont été récemment découverts. Les derniers voyageurs dans cette partie du monde en ont trouvé à Kessara, dans la régence de Tunis. M. Barth, en 1849, dans ses excursions entre Tripoli et le Fezzan, rencontra, à sa grande surprise, des trilithes et cercles de pierres levées, qui lui parurent se rapprocher d'une manière frappante des kroummleac'hs et des cercles celtiques, par leur destination évidemment religieuse. Le même voyageur découvrit d'autres blocs antiques du même genre, au cœur même du désert. Qui a dressé là, se demande-t-il, ces singuliers monuments, dont les analogues se retrouvent en Asie, en Circassie, dans l'ancienne Étrurie, dans toute l'Europe ?

D'anciens voyageurs (STRABON, l. XVII) ont trouvé en Égypte des vestiges de monuments qu'on rapporte aux Celto-Scythes, des trilithes, par exemple, ou lichavens. Cette découverte n'a rien qui doive surprendre. On sait

---

[1] On peut voir, dans le t. II, pl. 69, de l'Exposition scientifique de Morée, des ruines, près de Mycènes, connues sous le nom de Clytemnestre et d'Égysthe, fort ressemblantes à nos dolmens.

[2] Mac Donald a vu, en 1836, à quelques milles de Kara-Issar, dans l'ancienne Cappadoce, une trentaine de roches énormes, placées verticalement, et il les compare à celles du cercle de Stonehenge, près Salisbury.

que ces peuple, près de deux mille ans avant notre ère, conquirent la Basse-Égypte, où ils régnèrent pendant plusieurs siècles. Ce sont les Hik-Sos (prononcé *Schotz* par les hébraïsans) ou *pasteurs*, rappelés si souvent avec une éphitète insultante sur les monuments égyptiens sous le nom de Schéto (Champollion), légère altération de Scythes ou Schytes, identifiés aux Celtes pour les mœurs et les

Figure 11. — Monuments de l'île Vaïhou ou île de Pâques (Océanie).

caractères physiques par Strabon (l. 1), Ptolémée, Pline et Tacite. A côté des noms, nous avons, sur les mêmes monuments (bas-relief de la tombe d'Ousiréi 1ᵉʳ), des portraits qui rappellent tout à fait les traits distinctifs des tribus Scythes, leur teint blanc et rose, leurs cheveux châtains ou blonds[1]. Ceci pourrait aider à expliquer la présence du Sphinx dans les monuments de la Russie méridionale, dont nous allons nous occuper tout à l'heure.

Revenons à notre itinéraire.

Les deux lignes de monuments celtiques qui suivent les rivages de la Méditerranée en Asie et en Afrique, arrivent, l'une par les Alpes, l'autre par la côte ouest de l'Espagne[2], dans le bassin de la Loire, qu'elles descendent jusqu'à la mer, nouveau point de leur réunion[3]. Elles couvrent alors les rivages de l'Océan dans la direction du nord, traversent la Grande-Bretagne et s'étendent jusqu'en Norwège, leur extrême limite[4].

Si à présent nous revenons sur nos pas, jusqu'à notre premier point de départ, au pied de l'Himalaya, nous trou-

---

[1] Ces nomades conquérants d'une partie de l'Égypte n'étaient pas aussi barbares qu'on l'a supposé, comme on s'en convaincra en relisant l'histoire du patriarche Joseph, qui fut intendant de l'Égypte sous un de ces rois pasteurs. Suivant Justin, les Scythes étaient plus anciens que les Égyptiens : *Superatis Ægyptiis antiquiores semper visi Scythæ*; l. II, c. 1.

[2] « On peut assurer, dit Mendoça de Pina, que les *Antas* (dolmens dans l'ouest du Portugal) sont les monuments les plus anciens de l'Espagne et même du monde entier. » Suivant Varron, les Celtibères d'Espagne étaient sortis des Scythes Ibériens, placés au pied du mont Caucase. Ils aimaient les vêtements de couleurs variées et semés de fleurs éclatantes, suivant Diodore de Sicile, l. V. C'est encore le goût des Bas-Bretons de nos jours. — Voir Twiss, *Voyage en Espagne*.

[3] « On trouve, dit Cambry (*Monuments celt.*), un très grand nombre de menhirs au midi de la Loire, depuis Blaison jusqu'à Saumur. Ce pays en est presque couvert. » — « Malgré les ravages des siècles et les efforts des hommes, dit M. Bodin, ce qui nous reste aujourd'hui de nos monuments celtiques peut nous donner une idée du grand nombre de ceux qui existaient autrefois... Tous ces monuments sont placés sur la rive gauche de la Loire... On estime que depuis un siècle, on en a employé plus de quarante au pavé de la levée et à celui de la ville de Saumur. » — *Recherches sur l'Anjou*.

[4] Suivant Scheffer (*Voyage en Laponie*), les Lapons, même encore aujourd'hui, ont des divinités de pierre qu'ils interrogent comme des oracles; ils montraient au voyageur une pierre brute et lui disaient : « Voici notre dieu Storiunkare, » nom norwégien qui signifie *le puissant Seigneur*. Comme il est esprit, on ne lui élève aucune statue; on lui consacre des pierres brutes de figure étrange, et les sacrifices qu'on lui offre se célèbrent sur une montagne sainte. — Mone, t. I.

vons une troisième ligne de monuments celtiques qui prend sa direction par le nord-ouest, et se mêle, sur une grande étendue, aux nations finnoises et gètes. Les tribus celtes qui suivirent cette route, remontèrent l'Oxus, atteignirent les monts Ourals et de là gagnèrent à l'est, jusqu'à la Sibérie et au fleuve Amour, et à l'ouest jusqu'à la Russie européenne, la Pologne, la Baltique.

A l'exception d'un petit nombre, observés aux États-Unis, on ne connaît point de monuments de cette classe dans aucune autre direction.

Parmi ces grandes lignes d'émigrations celtiques que nous venons de retracer, celle qui passe au nord de la Caspienne donne lieu à quelques observations importantes, que nous devons présenter ici avant d'aller plus loin.

Tous les tombeaux de la Russie méridionale et de la Sibérie paraissent être l'ouvrage d'un même peuple. Les uns sont de parfaits *tumuli* d'une hauteur énorme; d'autres sont environnés de grosses pierres. Ce qui surprend, c'est que, dans les environs de ces tombeaux, on ne trouve ni rochers ni montagnes qui aient pu fournir ces grandes pierres; il faut qu'elles aient été transportées d'une distance immense par des efforts prodigieux. Les habitants actuels de ces contrées n'auraient aucun moyen de les élever. On trouve dans ces déserts des restes d'ossements enveloppés de feuilles d'or. Les plus riches de ces tombeaux se trouvent sur les bords du Volga, du Tobol, de l'Irtish et de l'Obi; les plus pauvres sont au delà du lac Baïkal [1].

[1] W. Tooke, *Archéol.*, t. VII.

On a appelé ces monuments *tchoudes* ou *daours*, parce qu'on en faisait honneur aux Finnois. On trouve dans les *tumuli* des squelettes souvent accompagnés de têtes de chevaux, et à côté une selle, une bride, des étriers, des monnaies avec l'empreinte d'une rose, des miroirs de cuivre comme dans les tombeaux étrusques. Pallas a vu des inscriptions sur des pierres tumulaires. W.-G. Grimm signale entre les caractères de ces inscriptions et les runes germaniques une ressemblance incontestable. On remarque au nombre des ornements les plus curieux des cornes de bélier, de cerf, d'élan, d'argali en or ou en cuivre ; mais ce qu'il y a de plus surprenant, c'est d'y trouver de nombreuses figures de sphinx ; on les voit sculptées aux manches des miroirs, ou taillées en relief sur des pierres. On sait que cet impénétrable symbole se voit gravé sur les murailles de Persépolis, qu'on le rencontre partout en Égypte et jusque sur les croupes du Cithéron chez les Grecs. Il semble appartenir en commun à la race blanche, et particulièrement à la race aryanne [1].

Les uns ont cru que cette contrée était l'Uttara-Kourou de la tradition brahmanique ; les autres, que c'était l'Harmonia des Hellènes, patrie des Hyperboréens (LASSEN), d'où étaient venus les habitants primitifs de la Grèce [2] ; d'autres encore, le lieu des origines de la race blanche

[1] Le sphinx paraît avoir été, dans la haute antiquité, un symbole solaire, imberbe et ailé en Assyrie, Grèce, Étrurie ; barbu et sans ailes en Égypte.

[2] Les anciens Grecs appelaient hyperboréens des peuples celtes, gaëls ou kymris, qu'ils plaçaient dans une contrée heureuse, située *au delà du souffle de Borée*, dans un climat d'une douceur inaltérable. C'est dans leur contact avec ces peuples, durant quelque voisinage primordial, au bord du Pont-Euxin, que les Doriens, dont l'origine remonte à dix-sept siècles avant notre ère, auraient reçu leur Apollon et les rites de son culte.

(GOBINEAU). C'est là aussi que Buffon et Bailly ont placé un peuple (Tartare?) qu'ils supposent arrivé à un degré de civilisation contestée par Abel Remusat (*Rech. sur les langues des Tartares*).

Pour nous, nous regardons ces monuments comme appartenant à une race celto-scythe venue de l'Iran par la voie que nous avons indiquée. Les recherches modernes tendent à dissiper le nuage qui semblait planer jusqu'ici sur ces steppes du nord de l'Asie. Tout récemment, dans son *rapport* sur les monuments de Babylone et de Ninive, M. Oppert a écrit ces lignes : « C'est, je le répète, dans la Russie *cis-ouralienne* qu'il faut chercher les descendants du peuple que les rois perses jugèrent assez important pour lui accorder l'insigne honneur d'immortaliser sa langue sur les rochers de Bisoutoun et d'Ecbatane. »

Maintenant que nous avons tracé les itinéraires de ces familles japhétiques, parties les premières de l'antique berceau des Aryas, leurs frères, il serait du plus vif intérêt de pouvoir les suivre dans leurs longues migrations, au pied des chaînes de montagnes, au bord des fleuves et sur le rivage des mers, qu'elles savaient franchir comme de hardis navigateurs. Ces races nomades, méprisées des peuples riches, fixées dans de splendides métropoles devenues des foyers de dissolution, possédaient un fond de vertu qui était une source de vie mise en réserve par la Providence pour régénérer le monde dans le sang et les larmes, par la chasteté et la sobriété. Ces barbares avaient reçu la force et l'énergie ; devant eux s'ouvrait l'immensité des déserts. Leurs mœurs étaient simples ; adonnés à un travail facile, à une spéculation sagement limitée, ils connaissaient peu de livres, peu d'inventions étrangères, mais ils avaient un grand attachement aux traditions clairement énoncées. Ils formaient et tenaient en réserve de puissantes tribus, souvent en guerre, toujours en mouvement, qui versaient leurs générations braves et pures au sein des nations épuisées. Ils préféraient la contemplation religieuse, la vie pastorale, les travaux de l'agriculture, aux entreprises commerciales, et ce n'était pas sans colère et peut-être sans envie qu'ils voyaient les immenses caravanes traverser leurs solitudes, pour aller porter aux grandes villes les plus précieux produits des pays lointains, et y introduire ainsi avec la richesse le luxe, la mollesse et tous les vices insolents dont un Dieu vengeur leur réservait un jour le châtiment terrible.

Les guerriers, couverts d'une armure d'or, de cuivre ou de corne, l'épée au côté, l'arc et le carquois au dos, et à la main une lance pesante, cheminaient à travers les solitudes sur des chevaux lourdement caparaçonnés, escortant et surveillant d'immenses chariots aux roues de bois plein, couverts d'un large toit. Dans ces grandes machines étaient renfermés leurs femmes, leurs enfants leurs vieillards, leurs richesses. Des bœufs gigantesques les traînaient pesamment sur le sable ou l'herbe du steppe[1]. Ces tribus nomades ont pour guides les chaînes

---

[1] C'étaient de telles maisons roulantes qui transportèrent vers le Penjâb (la contrée des cinq fleuves) les familles des premiers Aryans. L'énorme véhicule des émigrants américains rappelle aujourd'hui ces antiques constructions ambulantes. Si nous ne trouvons aucun vestige d'habitation ou de bâtiment civil qu'on puisse rapporter à l'époque où furent érigés en Bretagne les monuments celtiques qui la couvrent, c'est probablement parce que les peuples qui l'occupaient alors y avaient apporté leurs habitudes nomades.

de montagnes et les fleuves, dont elles suivent les sinuosités. Cependant, dans ces âges reculés, que d'obstacles à vaincre sur ces rives dont le séjour est devenu si célèbre dans les poétiques récits de l'Orient ! Les forêts en interceptaient les bords marécageux, et, sous leurs ombrages, ce beau soleil de l'Asie qui en fertilise et dore les plaines devait développer de funestes exhalaisons. Au lieu d'un murmure doux et prophétique préludant aux mélancoliques amours du rossignol et de la rose, aujourd'hui enchantement des jardins dressés sur ces bords, c'étaient le rugissement des bêtes féroces et le cri sinistre des oiseaux de proie qui ébranlaient ces solitudes inconnues.

On voudrait s'arrêter, avec ces nomades primitifs, aux haltes qu'ils font dans les diverses contrées qu'ils traversent, assister à leurs luttes intestines, aux guerres qui s'engagent dans leur contact avec les peuples voisins ; on désirerait connaître leurs dieux, leur culte, leurs mœurs, leur génie, les dégradations ethniques qu'ils subissent, les révolutions qui éclatent, et tout cet ensemble d'actes sociaux et de mouvements qui constituent la vie des peuples en marche sous l'œil de Dieu et sous la main de la Providence. Ce serait l'odyssée non plus d'un héros seulement, mais de toute une race dans ses pérégrinations séculaires à travers les déserts et leur vaste solitude... Ce fut le sujet d'une grande épopée dont nous avions conçu le plan autrefois, et pour l'exécution de laquelle le temps et le souffle nous ont manqué jusqu'ici.

Un des buts que nous nous proposions dans cette composition était de faire ressortir la marche de l'humanité dans son évolution religieuse, morale et sociale; de constater la supériorité de la race sémitique et l'infériorité relative des descendants de Japhet, lesquels n'ont trouvé la vraie civilisation que dans l'influence sémitique; accomplissement frappant de la prophétie de Noé :

« Que Dieu étende les possessions de Japhet et qu'il
« habite dans les tentes de Sem ! » (GEN., IX, 27.)

C'est en effet sous les tentes de Sem que Japhet a trouvé le salut. Cette vérité est confirmée par tous les travaux de la science ethnographique. Si, depuis quelques siècles surtout, nous admirons chez les Indo-Européens la variété et le mouvement, la beauté du génie et l'éclat des arts, « ne l'oublions pas, dit un éminent observateur, pour déployer le spectacle splendide que nous offrent leurs civilisations successives, ils ont dû être fécondés à plusieurs reprises par l'esprit sémitique. Car, si ce n'est pas à sa seule influence que l'on peut attribuer cet esprit d'analyse et de simplification qui caractérise notre époque et qui éclata d'abord dans les idées religieuses du monde européen il y a dix-huit siècles, c'est à lui seul, c'est à l'esprit sémitique que la société moderne doit ses mœurs de famille, sa haute morale, son honneur et sa dignité, et, ce qui est plus que tout cela, son SALUT. »

« Nul peuple n'était assez grand, dit Mommsen, pour enfanter à lui seul la merveille de la civilisation grecque, et plus tard celle de la civilisation chrétienne. Pour de telles créations, il a fallu que les idées et l'esprit de la race sémitique s'implantassent, pour fructifier, dans le sol indo-européen. »

Revenant à la prophétie de Noé, nous demanderons par quel instinct miraculeux le patriarche a pressenti que la postérité de Japhet se dilaterait sur tous les champs du monde et de l'histoire, couvrant de ses rameaux vigoureux l'Europe et l'Asie septentrionale, les contrées les plus peuplées de l'ancien continent, et envoyant ses fils, comme un flot inépuisable, sur toutes les plages du monde nouveau, à mesure que le genre humain étendait par ses découvertes successives la sphère du monde habitable. Sagacité, intuition, instinct, eussent-ils pu produire un tel résultat, et peut-on se refuser à reconnaître dans ce fait surhumain une évidente prophétie?

Ce serait dépasser les limites dans lesquelles nous désirons nous renfermer que d'entreprendre de discuter la série des causes qui poussèrent de siècles en siècles les peuples vers l'occident, et qui les firent atteindre graduellement les finistères européens. Nous revenons à leurs monuments et nous essayons d'en donner une interprétation.

Pour ce qui concerne les dolmens, nous l'avons déjà dit, nul doute que ce ne soit des tombeaux, et non des autels, comme on l'a cru longtemps[1]. On comprend, à la

---

[1] On se fondait, pour soutenir cette opinion, sur certaines cavités, certaines rigoles que l'on montrait sur la table de ces monuments, et qui ne sont que des accidents naturels. D'ailleurs cette opinion est en contradiction évidente avec le témoignage de Diodore de Sicile, qui affirme que la victime était debout, puisque c'était d'après *sa chute* que les druides tiraient leurs présages.

Et puis, que signifieraient toutes ces allées couvertes qui précèdent les dolmens, et qui devaient conduire à l'intérieur? Ne supposent-elles pas que les dolmens étaient recouverts d'une épaisse masse de terre et de cailloux, comme on le voit encore à Mañéiud (Locmariaker), à Tumiac, Gavr'énez, Carnac, etc. etc.?

D'autres circonstances combattent encore la supposition des dolmens-autels

seule inspection de leur forme, que le peuple qui les a élevés appartenait à cette antique race aryane qui admettait la croyance à l'immortalité de l'âme non seulement comme une opinion vraisemblable ou comme une découverte à la suite d'une longue et successive méditation, mais comme une certitude solide et tellement claire, que la pensée d'une autre vie est le motif régulateur qui préside à toutes les actions des Indiens; elle est le but, elle est l'âme de la constitution, des lois, des règlements et des usages les plus ordinaires de la vie.

« La mort et le jugement d'outre-tombe sont les deux points de la vie d'un Hindou, et on peut dire, à l'indifférence avec laquelle il porte communément l'existence présente, qu'il n'existe que pour mourir. Il y a là d'évidentes similitudes avec cet esprit sépulcral de l'Égypte, tout porté aussi vers la vie future. Le parallèle est facile entre les deux ordres d'idées; ils partent certainement d'un sommet commun. Ce dédain de l'existence, cette foi solide et délibérée dans les promesses religieuses donnent à l'histoire d'une nation une logique, une fermeté, une indépendance, une sublimité que rien n'égale. Quand l'homme vit à la fois, par la pensée, dans les deux mondes, et en embrassant de l'œil et de l'esprit ce que les horizons du tombeau ont de plus sombre pour l'incrédule, les illumine d'éclatantes espérances, il est peu retenu par les craintes ordinaires aux sociétés rationalistes; et dans la poursuite des affaires d'ici-bas, il ne compte plus parmi les

---

les parois des pierres supports et de la pierre toiture sont unies et polies à l'intérieur, tandis que l'extérieur est à peine dégrossi.

obstacles la crainte d'un trépas qui n'est qu'un passage d'habitude. Le plus illustre moment des civilisations humaines est celui où la vie n'est pas encore cotée si haut qu'on ne place, avant le besoin de la conserver, bien d'autres soucis plus utiles aux individus.

Eh bien, la construction du dolmen est une image du monde terrestre dans son rapport avec l'âme humaine destinée à un monde supérieur. Le ciel semble s'étendre au-dessus de notre tête comme une voûte surbaissée, qui était pour les Hébreux et pour Homère comme de cristal ou comme d'airain, expression tirée de l'aspect métal-

Fig. 12. — Dolmen de Bagneux [1].

lique du ciel pendant les longs mois d'été dans les pays tropicaux. Océan supérieur pour les Égyptiens, bouclier

---

[1] Ce dolmen, situé près de Saumur (Maine-et-Loire), a vingt mètres de longueur, sept de largeur et trois de hauteur. La plus grande table a sept mètres et demi de longueur sur sept de largeur, c'est-à-dire plus de cinquante-deux mètres carrés. « L'imagination effrayée à la vue de tels monuments, dit M. de Caumont, se demande comment des peuples dans l'enfance de la civilisation ont pu remuer des masses si énormes. » Reconnaissez la puissance des convictions religieuses. Ce sont elles qui transportent les montagnes.

Le célèbre Dolomieu ayant fait fouiller ce dolmen en 1775, n'y trouva rien, mais il constata que les pierres de support entraient en terre d'environ trois mètres. Quarante siècles et peut-être davantage se sont écoulés depuis que le dolmen de Bagneux est élevé. Combien de temples construits à grands frais

rond pour les Grecs, les Italiens, les Chinois, les Wendes, ces cieux sont figurés par une caverne chez les Hindous, dans Platon, etc.; par des dolmens ou cavernes artificielles chez les Celtes. Il y a souvent une ouverture pratiquée dans la pierre du fond pour figurer la porte par laquelle l'âme passe de ce monde ténébreux dans le ciel tout resplendissant de lumière. L'avenue souterraine qui conduit à la grotte sépulcrale représente le chemin de la vie. Porphyre nous dit que la grotte est le symbole du monde, et il ajoute que les plus anciens temples, ceux de Jupiter en Crète, de Bacchus à Naxos, de Mithras, etc., étaient des cavernes.

Ainsi ces monuments, plus vieux peut-être que les pyramides de l'Égypte, et jusqu'en ces derniers temps aussi mystérieux qu'elles et aussi inexpliqués, donnent lieu aux plus sérieuses réflexions, et consacrent dans leur forme les magnifiques traditions de vie future et d'immortalité[1].

« Où sont, s'écriait mélancoliquement un pieux historien à la vue de ces monuments funèbres et des colonnades de peulvans qui les accompagnent à Carnac, où sont les

par des rois puissants et des artistes célèbres ont été détruits, relevés et renversés encore depuis ce laps de temps, sans qu'un seul atome se soit détaché des quinze pierres qui forment celui-ci! Il n'y a que le beau dolmen de Kerloumé, dans les alignements de Carnac, que la Bretagne puisse opposer à celui de Bagneux.

[1] Constatons ici la différence entre le Romain civilisé du temps d'Auguste et le barbare qui dressa ces tumulus et ces dolmens des rivages du Morbihan: « Je me mets peu en peine d'avoir un tombeau, disait Mécène, la nature ensevelit ceux qu'on abandonne : *Nec tumulum curo, sepelit natura relictos*. Le culte des morts, la divinité des ombres, leur retour sur la terre, leur séjour auprès des tombeaux, sont la base de toutes les théologies septentrionales. Le culte des Mânes était de la première antiquité chez les Grecs, puisqu'on le trouve établi chez les Pélasges longtemps avant leur communication avec les Égyptiens.

générations qui dressèrent ces pierres gigantesques comme on aligne un plan de rosiers dans un parterre de fleurs?... Ces hommes ont senti, comme moi!... Comme moi, ils ont lutté avec la vie!... Et comme eux, demain peut-être, j'aurai aussi achevé de descendre ce fleuve du temps qu'on ne remonte jamais! Comme eux, bientôt je ne serai plus rien parmi les êtres éphémères qui peuplent ce globe; le brouillard des années aura voilé mon nom de ses ténèbres, et le monde, insensible à mon absence, indifférent à mon souvenir, rira sur ma cendre!... Mais je ne porterai pas sans fin cette humiliante flétrissure de la mort. A l'heure solennelle où les nations de tous les âges s'étonneront de se retrouver rassemblées, je me relèverai de mon lit d'argile, ce ferme espoir repose dans mon sein, pour m'envoler vers vous, Seigneur, dans le ciel, ma patrie!.»

> Ce corps est au tombeau comme un grain dans la terre,
> Il ne se détruit pas, il germe!.. et quelque jour,
> Comme l'épi nouveau jaillit de la poussière,
> Ce corps s'élancera de sa couche de pierre
> Pour aller refleurir dans un autre séjour[2]!

Il faut que, dès la plus haute antiquité, les habitants de ces rivages de l'extrême occident, de cette péninsule armoricaine, aient joui d'une grande célébrité pour leur piété envers les dieux, les honneurs qu'ils rendaient aux morts et les sanctuaires qu'ils consacraient par l'érection de tant de monuments; il faut que les esprits en aient été fortement frappés au loin, pour que les anciens aient

[1] L'abbé MANET, *Hist. de la Petite-Bretagne*, t. I.
[2] LE GOUVÉ.

placé dans ces mêmes parages leur Elysée ou Iles-des-Bienheureux. C'est là en effet qu'étaient les Iles-Sacrées, demeure des génies, séjour des héros, archipels où l'on vénérait des divinités mystérieuses, où s'accomplissaient les rites les plus étranges [1].

Venu, à notre tour, sur cette terre des Celtes, au milieu de ces débris des vieux âges, consacrant les antiques croyances, nous n'avons pu les contempler sans émotion.

Un soir, après une longue journée d'été employée à parcourir l'immense théâtre des monuments d'Erdeven [2], je me dirigeais sur le bourg de Plouharnel pour y passer la nuit. Arrivé aux environs du village de Sainte-Barbe, je m'assis sur un petit tertre pour jouir des derniers moments d'un beau jour dans cette contrée solitaire. Le soleil descendait dans l'Atlantique au fond d'un horizon sans bornes, et ses derniers rayons frappaient de riches teintes les menhirs nombreux répandus sur la bruyère. Dans la pourpre dont les feux du couchant revêtaient les pierres étranges, à leur aspect tout fantastique sur un fond de sombre verdure, on eût dit que les *géants*, endormis depuis quarante siècles dans les noires ténèbres de leurs *tumulus*, avaient soulevé l'énorme table de granit qui les recouvre, pour venir reprendre un moment, aux lieux où

---

[1] Lisez les pages curieuses de Plutarque (*De Oraculorum defectu*); — Eusèbe (*Præp., ev.*, l. v); — Procope (*De Bello goth.*, l. iv).
L'occident, regardé comme la demeure où le soleil allait se reposer, devint également le lieu de la demeure des dieux en général; et par conséquent les hommes vivant dans l'occident, dans le voisinage et sous la protection des dieux, passèrent pour les plus justes et les plus heureux de la terre. C'est ainsi que l'occident devint une espèce de *Paradis terrestre*, Voy. *Les Chants du Sol.* — BERGMANN, etc.

[2] *La Grève*, en breton.

ils vécurent, leurs robes de fêtes, leurs bracelets de jaspe, leurs carcans d'or, et jeter un dernier regard sur cette région sévère où ils ont laissé de si étonnantes traces de leur passage.

Je me rappelais la vive peinture que M. de Freminville a tracée de ces monuments, de cette *cohorte de géants pétrifiés*, comme il les appelle. « Le nombre de ces pierres, leurs figures bizarres, l'élévation de leurs pointes grises, allongées et mousseuses, qui se dessinent d'une manière tranchante sur la noire bruyère dont la plaine est couverte, enfin la silencieuse solitude qui les environne, tout frappe, tout étonne l'imagination, tout pénètre l'âme d'une vénération mélancolique pour ces antiques témoins des événements qui signalèrent des siècles si reculés. »

L'heure et le lieu ne pouvaient être plus favorables aux graves pensées. Je songeais donc aux colosses innombrables qui avaient passé devant mes yeux pendant la journée, au prestige religieux qui les consacrait à l'époque où ils furent érigés. « Quelle dépense de forces! me disais-je; quel prodigieux travail! De quel énergique et profond sentiment ne devaient-ils pas être animés ceux qui entreprirent de détacher de la carrière, de transporter au loin et de planter dans le sol ces milliers de blocs, d'un volume si énorme, que nous avons peine à croire que ce soit là une œuvre de l'homme!... Voilà pourtant ce qu'ils ont fait, ces peuples primitifs que nous appelons barbares!...

« Et nous, avons-nous un grain de cette foi qui transporte les montagnes, une étincelle de cette charité qui vivifie et régénère les nations?... Élevons-nous seulement, à la gloire du Dieu que nous adorons, une simple croix de bois dans le carrefour de nos chemins[1], nous, dont les pères érigeaient, comme un monument de religion, six mille obélisques de granit sur la lande de Carnac[2]? »

« Adieu, me disais-je encore, en les saluant une dernière fois ; adieu, monuments des vieux âges!... Vous serez longtemps encore, pour les races qui viendront vous contempler, un sujet de stupéfaction. Dans la débile impuissance de leur décrépitude, elles ne pourront comprendre l'étonnante vigueur de conviction du peuple qui souleva vos masses gigantesques et les dressa vers le ciel comme un hommage et comme une adoration. »

Je ne voyais, en résumé, dans les monuments de Carnac, qu'un grand acte de foi, foi en DIEU par l'érection de milliers de menhirs que chaque principale famille se faisait sans doute un devoir de contribuer à élever sur le *territoire sacré*[3]; foi en LA VIE ÉTERNELLE[4], par la construction symbolique de grottes sépulcrales ou dolmens qui consacrent si solennellement la piété envers les morts. N'est-

---

[1] Ceci ne s'adresse pas à la Bretagne, car dès que l'on entre en Bretagne, la physionomie du pays change, et ce signe de changement, c'est la croix. C'est par milliers que la révolution a détruit ou mutilé les croix dans cette province, et l'on a calculé qu'il en eût coûté plus d'un million de francs pour les restaurer ou les rétablir dans le seul département du Finistère.

[2] Un savant anglais a calculé que la population entière du Morbihan, aidée de toute l'armée de César, eût à peine accompli l'érection du monument de Carnac en y consacrant douze années de travail. BATHURST, *Archeology.*, vol. XXV, p. 221.

[3] Ce que nous appelons *menhirs*, les Anglais l'appellent *rocks-idoes* (rochers-doles).

[4] « L'immortalité de l'âme était reconnue par tous les peuples celtes, et cette doctrine était parmi eux d'une antiquité à laquelle l'histoire ne remonte point. » PELLOUTIER, *Hist. des Celtes*, l. III, ch. 17.

ce pas la foi en ces deux dogmes fondamentaux qui est l'éternel pivot des sociétés humaines ? Voilà aussi, croyons-nous, les deux leviers qui ont soulevé ce monde de pierres et accompli ce prodige qui étonne notre âge.

La nuit descendait. Je repris mon chemin vers l'hôtellerie. La solitude était profonde sur la bruyère ; on n'entendait aucun bruit hors les cris de quelques hulottes qui se répondaient par intervalles du côté des bois, et la rumeur incessante et monotone de l'Océan derrière les falaises de Plouharnel.

Dans la soirée, la lune parut à l'horizon au-dessus des bois de sapins ; je voulus revoir les menhirs à sa clarté fantastique. On éprouve un saisissement involontaire lorsqu'on se trouve, à ces heures nocturnes, au milieu de ces pierres colossales, que l'ombre semble grandir encore. Si un nuage rapide vient à passer, à voiler ou à découvrir tout à coup le disque de l'astre lumineux, baignant ainsi d'ombre et de lumière les masses grisâtres répandues sur la bruyère, l'œil, trompé, croit les voir exécuter de mystérieux mouvements. Malgré soi, l'imagination se reporte vers les scènes des âges antiques, alors que des populations entières venaient religieusement se recueillir et prier[1] parmi les monuments que leur foi avait érigés. Ce qui vient favoriser encore ces rêveries pleines de sentiments qu'on ne peut définir, c'est le passage d'un vent subit qui vous apporte comme un écho des flots qui bruissent sur les grèves, ou le hurlement d'un chien dans le lointain, ou le

---

[1] « On attribuait à ces prières une puissance *magique* et un pouvoir irrésistible jusque sur la Divinité. » V. *Les Chants de Sül*, p. 70. Traduct. de Bergmann.

cri soudain d'un oiseau de nuit qui vient de saisir sa proie... Puis il vous semble qu'il y a dans l'ombre, autour des fantômes de granit, comme des voix indistinctes, comme un entretien vague, insaisissable, d'esprits, de génies, enfants de l'air, de la terre et des eaux... C'est la brise qui court avec des gémissements indéfinissables à travers la forêt de peulvans et les touffes d'ajoncs épineux ; mais vous avez beau chercher à raisonner vos sensations, vous êtes sous l'empire d'illusions étranges que vous ne pouvez dominer.

II

CULTE PRIMITIF, SYMBOLIQUE ET UNIVERSEL DE LA PIERRE BRUTE. — LE BÉTHYLE. — LE MENHIR. — LE KROUMMLEAC'H. — VUES INTERPRÉTATIVES. — LE STONEHENGE DE SALISBURY. — LETTRE DE M. ALEXANDRE BERTRAND.

La science des religions est à peine sortie de l'enfance. Il y a un siècle, les cultes païens n'étaient considérés que comme de pures absurdités, indignes d'un sérieux examen. On ne voyait dans les croyances de l'Égypte que les dieux crocodiles ou les dieux porreaux ; le culte des Celtes n'était regardé que comme une adoration stupide de grosses pierres et de grands chênes, et la mythologie de la Grèce n'obtenait faveur qu'en considération des poëmes d'Homère et des chefs-d'œuvre de Phidias. Enfin quelques savants ont protesté contre ces opinions superficielles, et, se refusant à admettre que l'imagination eût fait tous les frais des croyances des peuples, ils se sont appliqués à chercher de nouveaux systèmes d'explication de la fable. Malheureusement leurs préoccupations ont fait échouer leurs efforts. Ils ont voulu trouver le sens de la mythologie dans la religion seule des Grecs et des Romains. Mais la mythologie confuse de la Grèce et de Rome, loin de pouvoir expliquer les religions, ne peut elle-même se comprendre qu'à la faveur de lumières empruntées à d'autres systèmes théologiques assez récemment étudiés. Telle est la circonstance défavorable qui a frappé de stérilité les théories interprétatives des anciens mythologues, tels que l'abbé Bannier, Jean Leclerc, Larcher, Clavier, Boulanger, Bailly, Guérin du Rocher, Court de Gébelin, Dupuy, Bergier, etc. D'autres savants, Heeren, Abel Remusat, M. Cousin, etc., tout préoccupés de leur propre théorie, ne paraissent pas avoir distingué plus nettement ce que les fables ont de vrai ou de faux, d'essentiel ou d'accessoire.

Aujourd'hui la connaissance que l'on a acquise de la mythologie des différents peuples orientaux, et particulièrement des Hindous, a ouvert une carrière nouvelle et d'autres aspects à la critique. On a découvert une foule d'analogies et de rapports entre la théogonie grecque et la théogonie brahmanique. Il arrive souvent que les noms sont homophones. Cette précieuse connaissance et celle des hiéroglyphes ou des caractères égyptiens ont ruiné presque tous les anciens systèmes que l'on avait imaginés pour expliquer la mythologie égyptienne, grecque et romaine. Les savants sont devenus plus circonspects, et ils attendent pour se prononcer qu'ils aient terminé les investigations qui se poursuivent au fond de ces immenses panthéons et de ces ruines qui s'étalent maintenant à tous les regards [1].

Dans l'état actuel de la science des religions, seul le principe du symbolisme répand quelques lueurs sur ces grands problèmes, car seul il donne la raison de l'existence de cette variété de sens dont les fables ont paru susceptibles ; et qui sont moins le sens véritable que ses nombreuses applications. C'est donc au symbolisme que nous recourrons pour jeter quelque lumière sur un sujet que les archéologues ont regardé jusqu'ici comme rempli de difficultés désespérées.

Les races primitives avaient le sentiment de l'éternité de Dieu et de son immutabilité ; ils en découvraient le sceau sur les flancs informes de la pierre, et c'est ce qui les porta à la choisir pour être le symbole de la Divinité. Aussi la pierre est-elle le plus ancien monument que les hommes aient érigé aux Dieux. Elle tint lieu d'idole jusqu'à la renaissance des beaux-arts chez les peuples qui avaient le plus souffert de la grande dispersion [2]. Pour rappeler con-

---

[1] C'est dans cette direction qu'a été composé le savant *Dictionnaire universel de Mythologie*, publié par M. l'abbé Migne, faisant partie de sa troisième Encyclopédie.

[2] « La question de ce qu'on appelle la dispersion des langues ne présente point de difficultés sérieuses. Rien de plus dispersé en effet que les idiomes qui devaient se parler sur notre globe à une époque peu avancée de l'humanité. Plus tard, avec la naissance des premières civilisations, nous voyons souvent la même langue parlée sur une vaste étendue de terrain ; puis nous voyons ces vastes agglomérations de peuples se dissoudre, et leur langue se diversifier, sans toutefois perdre les traces d'une identité primitive. » BENLOEW, *Aperçu général de la science comparée des langues* (1858).

stamment à leur esprit la présence de leurs dieux invisibles, ou dieux secondaires, agents du Dieu suprême, ils dressèrent et groupèrent avec symétrie, dans des terrains consacrés, un nombre considérable de grandes pierres qui devaient rester à jamais un objet de vénération et transmettre aux générations futures un témoignage de leur foi vive et de leur piété.

« L'absence d'idoles, les pierres non taillées, l'absence de formes dans l'architecture, en d'autres termes l'interdiction à l'homme de modifier par les combinaisons de son imagination l'œuvre du Créateur, ou de se représenter matériellement les puissances divines, sont-ce là des traits particuliers à nos aïeux? L'histoire nous atteste le contraire : c'est là le caractère général de cet âge religieux de l'humanité, qu'on pourrait nommer à juste titre l'Église primitive, dont on pourrait retrouver la trace chez les premiers Indiens, à la Chine et partout, et qui apparaît manifestement dans les traditions des Perses, des Hébreux, des Teutons et de tous les nomades confondus par les Grecs sous le nom de Scythes. Les voyageurs ont retrouvé dans les régions les plus diverses les aiguilles de pierres brutes et les dolmens, et, sur la pensée du monde patriarcal, les livres saints des Hébreux répondent au nom de tous. »

Les anciennes idoles de Grecs, à l'origine de l'art, étaient si défectueuses et si bizarres, qu'au rapport d'Athénagore, l'homme le plus sérieux ne pouvait les regarder sans éclater de rire.

« Dans les temps les plus reculés, dit Pausanias, tous les Hellènes en général rendaient des honneurs divins à des pierres brutes nommées *Kiones*, qui leur tenaient lieu de statue. » Puis il ajoute : « En commençant cet ouvrage, je trouvais que les contes grecs décelaient une crédulité bien stupide, mais j'ai changé de façon de penser. » Pourquoi Pausanias a-t-il changé d'opinion sur les anciens Grecs qui adoraient les dieux sous le symbole des pierres? C'est qu'il a découvert de hautes et vénérables traditions, cachées par les sages antiques sous ces symboles qui ne semblaient d'abord annoncer qu'une grossière barbarie.

Pausanias nous dit encore que l'oracle de Delphes avait été fondé par des Hyperboréens qui ne voulaient pas qu'on représentât la Divinité sous la forme humaine. Ces Hyperboréens, quelle que soit la contrée où on les place, ne sont autre que des Celtes ou descendants de Japhet, fixés soit au bord des grands fleuves du Nord, soit dans les îles et presqu'îles de l'extrême Occident.

« On trouve dans toute l'Asie une multitude de pierres sacrées ; elles furent les premiers dieux avant l'origine des statues. » Ce savant est frappé de l'ordre ternaire donné à ces pierres. « Par leur grandeur, ajoute-t-il, on exprimait celle de la Divinité, qu'elles représentaient. »

Le célèbre académicien Falconet disait à propos des pierres sacrées : « Voici de nouvelles fables ; c'est la philosophie la plus ancienne qu'il y ait peut-être au monde. »

Quinte-Curce parle d'une pierre obéliscale sous la forme de laquelle le soleil était adoré dans la Bactriane. Le culte luni-solaire est une des premières aberrations de l'esprit humain dans cette contrée.

On sait que les anciens Romains juraient par Jupiter-Lapis ou Jupiter-Pierre. « Eh quoi ! dit Ennius, jurerai-je par Jupiter-Lapis, à la manière ancienne des Romains? »

Le Jupiter-Casius d'Égypte et de Syrie avait, ainsi qu'on le voit sur les médailles, une pierre brute pour simulacre. Chez les Scandinaves, des alignements de pierres tenaient lieu de temple ; toutes les idoles s'appelaient *Hœrgr*, qui signifie *pierre*.

Il me semble que ceci nous met tout à fait sur la voie de la véritable interprétation de tous ces groupes de menhirs dressés sur nos rivages, et ainsi rattachés au culte de la Divinité, qui les consacrait par sa présence. « Toute cette côte du Morbihan en est comme parsemée, et l'on ne peut s'empêcher de la considérer toute entière comme une terre sacrée. »

Les Syriens et les Egyptiens dressaient de grandes pierres pour lesquelles ils avaient un respect qui allait jusqu'à l'adoration. Appulée nous apprend qu'on les baisait, qu'on les saluait, qu'on les oignait d'huile [1].

« Un amas carré de pierre ou une colonne sur le haut d'une montagne, le Carmel (*Champ de Dieu*, hébr.) ou le Casius, voilà, dit M. Hœfer, les temples primitifs chez les anciens Phéniciens. » « C'est sous la forme de pierres, ajoute le même savant, qu'on adorait primitivement les dieux. » Les anciens Phéniciens nommaient ces pierres *Bethyles*, et Sanchioniaton en attribue l'invention au dieu

---

[1] Pour rendre grâces à Dieu de son apparition, Jacob dresse une pierre ; il y offre du vin et y répand de l'huile (*Gen.*, XXXV. 14. 15.). Sans doute ce culte était bien antérieur à Jacob.

Cœlus. On les croyait animées de la présence de quelque déité ou génie, et tombées du ciel.

Suivant Clément d'Alexandrie, les Arabes adoraient anciennement une grande pierre informe et grossière qu'ils nommaient *Mana* ou *Menat*. (Voyez le Coran.) « Les premières idoles, dit M. Lucien Dubois, furent des pierres, symbole de force. »

Les obélisques égyptiens travaillés par l'art et chargés d'inscriptions, succédèrent aux monolithes bruts primitifs, mais sans changer de destination; ils étaient dédiés à une ou plusieurs divinités.

Les pierres employées par les Hébreux comme autels sont brutes. Sans cette dernière condition, elles sont répudiées comme impropres aux usages sacrés. « Vous dresserez au Seigneur votre Dieu, dit Moïse, un autel de pierres où le fer n'aura pas touché... de pierres informes et non polies. » L'autel du temple de Jérusalem que l'on éleva au retour de la Captivité, était en pierres brutes; Il en fut de même pour celui que Judas Machabée rétablit après la profanation d'Antiochus Epiphane.

Le culte symbolique des pierres brutes a été celui des patriarches, et remonte certainement au déluge, s'il n'est antérieur, comme le feraient penser les colonnes de Seth et les haches en pierre trouvées en si grand nombre dans les terrains diluviens. « Le culte de la pierre, dit M. B. de Perthes, a probablement existé chez les peuples antédiluviens comme chez les peuples postérieurs. » Jacob, en consacrant la pierre de Béthel, ne faisait que ce qu'avaient pratiqué ses pères. Autrement c'eût été une invention arbitraire, une innovation sans portée, en matière de culte; car, dans ces âges primitifs, surtout dans la race élue et fidèle, rien ne se faisait que par tradition ou par une inspiration supérieure. Dieu ne réprouva la pierre que lorsque l'art la façonnait en statue ou en idole.

« Abraham et Jacob ne firent qu'imiter une pratique établie avant eux; ils suivirent une coutume ancienne et générale, en usage alors, et conforme à la rustique simplicité de leur siècle. Le vrai Dieu voulut bien adopter et sanctifier pour lui ce culte simple, par une condescendance pareille à celle dont il a souvent usé pour la façon de penser peu éclairée du peuple choisi. » Mais lorsque Béthel, *demeure de Dieu*, fut devenu le Bethaven, *demeure du mensonge*, les Hébreux en abolirent parmi eux le culte traditionnel.

Cette proscription de la pierre taillée et façonnée nous instruit de la nature des superstitions que pratiquaient les nations voisines de la Judée. On voit d'après ces passages de l'Écriture et d'autres que nous n'avons pas cités, que le culte des pierres était généralement répandu, que les idées primitives étaient oubliées, et que de simples monuments étaient devenus l'objet de l'adoration des hommes.

Il y a lieu de croire que la pierre a été le plus ancien symbole, et des recherches faites par plusieurs savants (le rabbin Drach, etc.) nous conduisent à penser qu'elle fut le symbole du *Christ*, du *Désiré des nations*; et c'est ce qui explique comment le souvenir de la grande promesse de *Celui qui devait venir*, et le symbole qui en perpétuait l'espoir furent portés dans tous les lieux où se répandirent les colonies issues des fils de Noé. Qu'on veuille bien se rappeler que *Messie* en hébreu, et *Christ* en grec, signifient *oint*, et que toutes ces pierres consacrées recevaient une onction. Il y a ici un ordre de figures et de symboles sur lesquels nous n'insistons pas, mais qui méritent de fixer l'attention des orientalistes et des mythographes.

Ainsi donc nous sommes conduits à admettre que, dans ces nombreux et étranges groupes ou cercles de *pierres levées,* les unes simples, les autres triples que la race celtique a laissés après elle sur tant de rivages, les menhirs isolés ou les enceintes qu'ils forment par leur assemblage, étaient consacrés à la Divinité, dont ils rappelaient les principaux attributs, ou dont ils devenaient les symboles indestructibles et comme les sanctuaires aux yeux de populations encore fidèles aux traditions primitives [1]. Au moins rien ne nous oblige à en faire des monuments d'idolâtrie. Et si nous nous reportons au temps de la première émigration des Celtes, nous trouverons qu'à cette époque reculée, les Indiens, leurs frères, dont ils s'étaient détachés, n'avaient pas de temples; ils leur préféraient les forêts sanctifiées par les anachorètes; les plus anciens temples sont bouddhiques [2]. Et quant aux images de

---

[1] On a supposé encore que chaque pierre représentait une divinité, et que, par exemple, le monument de Carnac formait comme l'assemblée générale des milliers de divinités en honneur dans le pays. Ainsi l'Armorique aurait eu son Panthéon non point artistement travaillé comme celui de la Ville éternelle, mais jeté sans art comme un chef-d'œuvre de la force, à une époque où l'on ne croyait mieux honorer les dieux qu'en leur consacrant des masses prodigieuses, images de leur puissance et de leur immortalité.

[2] L'origine du bouddhisme remonte au milieu du vi⁰ siècle avant Jésus-Christ. L'idolâtrie date, en Chine, de l'introduction du bouddhisme, vers l'ère chrétienne. La Chine avait été jusque-là monothéiste.

la divinité, elles étaient primitivement un objet de mépris.

Tous les peuples, à l'origine, ont repoussé les images de la Divinité. « Le culte primitif, dit Mommsen, était hostile aux images. » Dans l'origine, les temples égyptiens ne renfermaient aucune image travaillée ; la pierre des dieux y était brute (*axoanoi néoi*). LUCIEN et STRABON, l. XVII.

Les divinités grecques et orientales, dit Dulaure, n'existaient point du temps de Numa. On sait que les livres trouvés dans la tombe de Numa furent condamnés au feu, parce que, si la connaissance de ce qu'ils contenaient était venue jusqu'au public, on aurait été contraint de remonter vers une forme de culte plus primitive et de renverser la puissance des dieux devenus statues.

Numa, qui était Sabin, et par conséquent d'origine celte, avait défendu aux Romains de faire des images de la Divinité, et de lui attribuer la forme de l'homme ou des animaux. « Il croyait, dit Plutarque (*in* NUM.), que des choses basses et viles ne sont pas propres pour en représenter d'autres plus excellentes, et que la Divinité ne peut même être conçue autrement que de la pensée. Ce fut, suivant Strabon, Tarquin l'Ancien, grec d'origine, qui inonda Rome, mais non sans de longues oppositions, d'idoles et de superstitions étrangères.

« Les Perses, dit Hérodote[1], n'élèvent ni temples, ni statues, ni autels, parce qu'ils ne croient point, comme les Grecs, que les dieux participent de la nature humaine. »

---

[1] Les images et les statues ne commencèrent à s'introduire que très tard, et après la conquête, dans les Gaules. Les unes leur vinrent des Carthaginois, les autres des Romains, d'autres des Grecs, qui les avaient eux-mêmes reçues des Phéniciens et des Égyptiens.

Ce fut Artaxercès Mnémon (Darius fils d'Ochus) qui le premier introduisit parmi les Perses, vers la fin de la quatre-vingt-treizième Olympiade, des simulacres des dieux de forme humaine.

Ce qu'Hérodote dit des Perses, Tacite le dit des Germains.

Les Celtes partagèrent ces sentiments et regardaient les statues élevées aux dieux en Italie et en Grèce comme une profanation. C'est ce qui explique l'incendie des temples et la destruction des idoles qui signalèrent tant de fois dans les anciens temps, les invasions des peuples appelés *barbares* par les Grecs et par les Romains. Ces prétendus barbares ne faisaient pas la guerre au ciel, mais au culte sacrilège des idoles, qui leur paraissait un outrage à la Divinité.

Longtemps avant la fondation de Rome, le mont Tarpéien était dominé, protégé par une pierre sacrée connue sous le nom de *terminalia*. Numa voulut qu'on la vénérât sans la souiller du sang des animaux. Les peuples celtes avaient de même des sanctuaires ou lieux consacrés, et de peur qu'on ne troublât l'action de la Divinité qui y résidait, ils y transportaient un grand nombre de grosses pierres. Ils prenaient cette précaution non seulement pour avertir les passants qu'il y avait là un territoire sacré, mais encore pour empêcher que la charrue n'y passât et ne remuât une terre où la Divinité rendait ses oracles.

« C'eût été une profanation, dit un antiquaire, de labourer le champ où les cérémonies religieuses avaient été célébrées ; et, pour empêcher qu'il ne fût souillé par quelque usage profane, on le couvrait de pierres d'un énorme volume. Voilà quelle est l'origine de ces amas de pierres dont on découvre encore les restes dans quelques endroits de la France, de l'Angleterre et de l'Allemagne. »

Ces blocs dressés isolément en un grand nombre, comme à Carnac, ou jonchant le sol comme à Pleuherlin (Morbihan), ou à Plabennec (Finistère), avaient donc aussi pour objet de consacrer un territoire, une rivière, un bois, une colline, d'annoncer ou de placer sous la protection de la Divinité les funérailles illustres, les tombeaux des prêtres et des chefs[1]. « Les alignements de Carnac sont entremêlés de *tumulus* et de *dolmens* ou *grottes aux fées* suivant la nomenclature vulgaire, qui sont de vrais caveaux ou tombeaux de famille ; toute la plaine est couverte de tumulus et de dolmens détruits ou debout, » dit M. Mérimée. « Que les alignements de Carnac et d'Ardeven soient des temples, je le crois, dit le même savant ; car je ne connais que la religion qui ait pu produire un effet aussi prodigieux. »

L'érection de la pierre sacrée obéliscale dans le voisinage des monuments funèbres semble dire que ce coin de

---

[1] Dans des temps postérieurs « les inscriptions sépulcrales nous apprennent que, non seulement la place occupée par le tombeau était religieuse, mais qu'il y avait encore un espace à l'entour qui jouissait de ce privilège. » MILLIN, *Dictionn. des Beaux-Arts*, art. TOMBEAU.

« Vous qui aimez les traditions des premiers âges et les débris de l'antiquité, dit le même auteur, allez voir les *peulvans* de Bieuzy, de Sarzeau, de Quiberon et de Gourin ; allez mesurer le *menhir* de Loc-Maria-Ker, qui s'élève à plus de soixante pieds, et sous lequel des troupeaux se mettent à l'ombre ; allez vous asseoir sur les *barows* et les *galgals* de Tréhorentec ; allez visiter la pierre de Plougoumelin, sur laquelle on prêtait serment ; allez voir les *grottes aux fées* et les *dolmens* de Quiberon, de Saint-Noif, de Sulniac, d'Elven, de Caso, de Pluherlin, de Ruffiac, de Saint-Jean-Brevelay, de Plaudren ; mais hâtez-vous. » — SOUVESTRE.

terre touche au ciel ! « C'est une circonstance qui se représente souvent, dit M. Mérimée, que le voisinage des tumulus et des peulvans. ».

Ce serait ici le lieu de discuter l'opinion qui veut que les menhirs de Carnac soient des monuments funéraires, et celle du docteur anglais Deane, qui rattache à l'ophiolâtrie cette armée de pierres où il voit un *Dracontium* ou image du serpent. Les raisons présentées par MM. Merimée, de Courson, etc., pour réfuter l'une et l'autre interprétation, nous paraissent décisives. On vient de voir sur quelles considérations nous fondons notre opinion personnelle.

Nous avons pu constater pour un grand nombre de menhirs qu'ils ne pouvaient être des cypes funéraires, car ils reposent presque immédiatement sur le granit. C'est qu'en effet, ainsi que l'a observé M. Mérimée, « le terrain d'Ardeven, aussi bien que celui de Carnac, est une couche énorme de granit recouverte à peine en quelques endroits d'un peu de terre végétale. »

Assurément si les pierres de Carnac sont des cypes funéraires, il fallait que les Celtes de ces bords fussent très riches en grands hommes pour peupler un tel Panthéon; notre civilisation, dont nous sommes si fiers, est loin de produire de tels résultats.

Quelques savants, Worsae, de Gobineau, etc., ont recours à une race finnoise qui aurait passé par le détroit de Behring, de l'Amérique dans l'ancien continent, aurait couvert l'Europe de ses tribus sauvages et y aurait élevé tous les monuments jusqu'ici, suivant eux, improprement dits celtiques. Nous avouons, avec M. Henry Martin, que le peuple mystérieux auquel M. Worsae attribue les monuments celtiques nous paraît tout aussi imaginaire que ces *Dracontia* ou temples du serpent, dont quelques archéologues anglais ont prétendu couvrir le monde primitif.

Nous serions trop long si nous entreprenions d'exposer toutes les explications qui ont été données des monuments qui nous occupent.

Arrivons aux kroummleac'hs. Les kroummleac'hs de grande dimension sont souvent accompagnés d'alignement de menhirs et de tumulus, comme à Stonehenge en Angleterre, et dans toute la Bretagne[1]. On croirait qu'il a existé primitivement chez les Celtes des terres sacrées, et des tribus entières revêtues, comme chez les Hébreux, de fonctions sacerdotales. On a supposé que Carnac, où les pierres sont brutes, est d'une date antérieure aux Stonehenges, qui sont formées de pierres grossièrement polygonales. Ici cinq trilithes de plus en plus hauts, symboles mystérieux jusqu'ici inexpliqués. Au dedans de ces trilithes est un ovale formé de trente pierres plus petites; en dehors un cercle extérieur compte trente pierres énormes, chacune du poids de trente à quarante mille kilogrammes, qui en supportent d'autres à vingt pieds de hauteur, formant une espèce d'architrave.

Le cercle de pierres brutes ou kroummleac'h figurait le péribole sacré des anciens temples; on le remplaça, à la

---

[1] Nous citerons le kroummleac'h semi-circulaire de Menec, à l'extrémité des alignements de Carnac; celui de Kermevan, à cinq lieues de Brest, aux dimensions très vastes; un autre, près de Crozon (Finistère) de forme carrée; celui de Kergonan, dans l'Ile-aux-Moines (Morbihan), etc.

naissance des arts, par un mur ou par des colonnes. Il devint l'origine des cirques et des forums.

« On trouve en Suède, près d'Upsal, dit Bodin, de grosses pierres, au nombre de douze, rangées en cercle, et une élevée au milieu. De pareils monuments se voient en divers endroits de l'Europe, et même en Asie. Dans son voyage de Perse, Chardin nous apprend qu'il y en a un près de Tauris... L'Anjou possédait encore, vers le milieu du XVIII° siècle, une réunion de pierres disposées comme celles dont parlent ces auteurs. (*Rech. hist. sur l'Anjou...* t. I.) L'un de ces kroummleac'hs était situé près de Saumur, l'autre dans les bois de Baugé. »

Kroummleac'h avait été jusqu'à ces derniers temps le nom du monument que nous appelons aujourd'hui *dolmen* (voyez à ce sujet les dissertations de M. Pictet sur le *culte des Cabires*, etc.); et ce que nous nommons *kroummleac'h* portait le nom de *temple circulaire*. M. Pictet s'efforce de rattacher ce dernier monument au Culte des Cabires en Irlande. Le nombre déterminé de pierres, souvent de douze, qui forment les cercles, serait une figure symbolique des Cabires, et le pilier central désignerait le Dieu suprême, connu en Irlande sous la dénomination de *crom-cruath*, lequel, suivant M. de Rougemont, serait un dieu solaire.

Aneurin et Taliesin, bardes gallois du VI° siècle, se servent, pour désigner ces monuments, de l'expression *cylch byd*, qui se traduit par *cercle du monde*. Malgré tous les efforts de la science, il faut bien reconnaître que nous n'avons pas jusqu'ici de renseignements suffisamment authentiques sur le sens des *cercles de pierres* si fréquents chez les peuples Celtes. L'opinion la plus vraisemblable les rapporte au culte, et en fait des temples. Les temples, comme on sait, ont été chez tous les peuples les premiers et les plus remarquables de tous les édifices publics. Ils n'ont jamais été, surtout dans les premiers temps, que d'une grandeur médiocre. Leur destination n'en exigeait pas une plus considérable, parce que les prêtres seuls y entraient ; le peuple se rassemblait à l'entour. De même qu'il y a des kroummleac'hs carrés, et d'autres circulaires, il y avait aussi des temples de l'une et l'autre forme. Les menhirs qui composent les kroummleac'hs sont devenus les péribolos, les périptères, les hypèthres, les péristyles, carrés ou ronds, de ces temples, à la naissance des arts.

« Dans les temps reculés, dit Millin, les colonnes ne furent que des soutiens grossièrement taillés ; ces supports ne se changèrent en colonnes élégantes que peu à peu, à mesure qu'on fit des progrès dans l'art de travailler la pierre. » — *Dictionn. des Beaux-Arts*, art. Colonne.

Je sais bien qu'on a fait des kroummleac'hs un thème du ciel, une image de la sphère inférieure du monde ; mais cette opinion même confirme l'interprétation qui en fait en même temps des temples. Ces monuments, en reproduisant ainsi une figure symbolique de la création matérielle, frappaient les esprits, et rappelaient aux hommes la puissance, la sagesse, la grandeur infinie du Créateur. Ce symbolisme dénoterait-il, chez les Celtes, des rapports primitifs avec les Chaldéens dans les régions du Caucase ou serait-il le résultat de traditions ou d'observations communes ?

Quoi qu'il en soit, les cercles divins étaient en usage chez la plupart des peuples pour figurer les sphères et leur cours dans l'espace. On connaît le cercle de pierres présidées par Hermès Arcadien, les enceintes sacrées de la Cappadoce, de l'Inde, de la Chine, des insulaires de la

Figure 13. — Stonehenge de Salisbury (Angleterre).

Malaisie et de la Polynésie. Nous avons figuré plus haut un cercle de menhirs, un kroummleac'h très remarquable observé dans une des îles Mariannes.

Saluons, en terminant, puisque nous l'avons nommé, cet imposant monument de Stonehenge (potence de pierre), ce majestueux kroummleac'h, un des plus extraordinaires que l'on connaisse. (Fig. 13.)

« Nul ne se trouvait là, écrit un savant français qui l'a visité, pour répondre aux questions qui se pressaient dans notre esprit ; nul pour nous dire avec autorité quelle force magique avait promené, avait suspendu ces roches et les retient dans cet éternel aplomb. Ce problème, dont nous avons souvent cherché le mot, est peut-être un de ceux auxquels la science a donné trop de solutions diverses et douteuses pour qu'on le regarde comme définitivement résolu; il est encore, et malgré des in-folios écrits pour le résoudre, un des dépits de la civilisation moderne. L'orgueil de la science étonnée se demande, en contemplant Stonehenge, quel pouvoir, dans ces temps réputés barbares parce qu'ils furent suivis de la barbarie, a pu manier, en se jouant, le poids de ces énormes roches. Chaque savant nouveau passe à côté du monument antique, et, comme pour soulager les douleurs de son impuissance, jette en passant ses conjectures sur le monceau de celles qui les ont précédées. Le savant passe et l'incertitude reste.

« Si ce n'était nous écarter de notre sujet, quel charme nous éprouverions à décrire l'impression produite en nous par la vue de cet unique monument, par l'aspect de ces colosses de pierre qui se soulèvent au loin et se dressent comme des fantômes sur le sommet du plateau dont l'immensité forme le morne désert de Salisbury! Les observer dans le lointain, chercher de l'œil à les démêler, lorsque d'un pas lent on avance dans le crépuscule; les contempler, le soir, au moment où de légers brouillards traînent leur gaze devant les sombres lueurs du soleil plongeant à l'horizon; s'arrêter lorsqu'un souffle de vent agite, chasse et enroule autour des blocs de Stonehenge les mobiles flocons de vapeur qui semblent les animer de leur mouvement, en vérité c'est assister à un ballet de Cyclopes! Ce sont des gestes étranges, des poses solennelles; c'est un lent et grandiose tourbillonnement. Tout se remue, tout danse, et le regard s'y étourdit comme la pensée. Oh! oui vraiment! l'image que nous avons vue, mais que nous ne saurions retracer, serait toute seule assez saisissante pour avoir attaché au front de l'antique Dracontium son nom vulgaire de Bal des Géants [1].

« L'attention se laisse d'ailleurs absorber tout entière par ce monument; car partout alentour, rien, si ce n'est, d'un côté de l'horizon, une masse d'arbres verts à chevelure hérissée, aux rameaux pleurants et courbés vers la terre, funèbre parure de cette solitude où plane dans l'air un silence de mort : silence quelquefois rempli de vagues terreurs, lorsque le passé y renaît en spectres... A perte de vue, quand le jour avive sa lumière, on voit s'étendre et fuir de toutes parts, en pente insensible, la surface unie d'un gazon ras et serré. »

Nous n'avons point voulu interrompre l'auteur dans son éloquente description, mais, selon nous, il n'y a là ni *Géants*, ni *Cyclopes*, ni *Dracontium*; il y a la grande pensée religieuse d'un peuple qui n'a trouvé autour de lui, dans la nature, rien de plus monumental pour exprimer sa foi traditionnelle et pour rendre son hommage au Dieu créateur

---

[1] Le docteur anglais Stukeley remarque que le monument de Stonehenge n'a point été construit sur une mesure romaine, mais d'après l'ancienne coudée, qui fut commune aux Hébreux, aux Phéniciens et aux Égyptiens, et s'il faut en croire Stukeley, aux anciens Celtes. — Voir la *Grande Histoire univ. angl.*, vol. XXX.

Quelques savants ont pensé que le Stonehenge pourrait être ce magnifique temple sphéroïde dont parle Diodore de Sicile, d'après Hécatée, situé dans une île de l'Océan, *vis-à-vis le pays des Celtes* dont les habitants *hyperboréens* révéraient Apollon (ou le soleil) par-dessus tous les autres dieux. — Diod. de Sic, l. II, c. 47.

du ciel et de la terre, que de détacher les rochers des montagnes ou de les extraire des entrailles du globe, et de les transporter dans un lieu choisi pour les dresser en adoration, et retracer ainsi une sorte d'image du monde, ce temple immense et merveilleux que le Créateur a élevé lui-même à sa gloire, et où il a déroulé un spectacle d'une souveraine magnificence, qui dut puissamment frapper l'esprit des peuples pasteurs aux époques anciennes ; car, nous le répétons en finissant, avec M. Mérimée : « Il n'y a que la religion qui, dans ces temps primitifs, ait pu produire des effets aussi prodigieux. »

Nous en étions là de nos recherches sur les monuments celtiques et de nos essais d'interprétation, lorsque nous avons voulu connaître le résultat des investigations de quelques savants occupés comme nous depuis longtemps de ces études ardues. Parmi les réponses qui nous ont été faites, nous avons distingué surtout celle de M. Alexandre Bertrand, dont le *Mémoire* vient de recevoir de l'Académie des Inscriptions et Belles-Lettres des honneurs solennels. Voici ce que cet éminent archéologue répondait le 20 juin 1862 à la lettre que nous lui avions adressée :

« Monsieur,

« Je voudrais pouvoir répondre à votre question de manière à vous satisfaire complètement ; mais malheureusement les monuments que vous me citez d'une manière particulière, les *Menhirs* et les *Kroummleac'hs*, sont justement ceux pour lesquels je ne suis arrivé qu'à un résultat négatif : je veux dire que les faits relatifs à ces monuments, après avoir été recueillis et classés par moi avec tout le soin dont j'étais capable, ne m'ont conduit à aucun résultat certain, pas même à un résultat probable. Une seule chose ressort de ce classement, c'est que les hypothèses faites jusqu'ici ne reposent sur rien de solide. Si on laisse de côté les affirmations vagues et les théories qui ne sont fondées que sur un ou deux faits isolés ; si l'on s'en tient à un petit nombre d'observations faites avec critique et en dehors de tout système préconçu, on ne peut affirmer que ce qui suit :

« 1. Les pierres désignées, dans les divers ouvrages qui traitent de ces matières, sous les noms de menhirs, peulvans, pierres levées, etc., n'ont pas toutes le même caractère, la même destination, la même origine. On ne peut arriver à leur égard, dans l'état actuel de nos connaissances, à aucune conclusion générale.

« 2. Elles peuvent se classer de la manière suivante :

« 1° Pierres tombales ;

« 2° Pierres limitantes ;

« 3° Pierres objets de légendes populaires ;

« 4° Pierres associées à d'autres monuments antiques, dolmens, kroummleac'hs ou tumulus ;

« 5° Pierres faisant partie d'alignements.

« Or les pierres des deux dernières catégories seulement méritent le nom de menhirs, c'est-à-dire peuvent être regardées avec quelque vraisemblance comme ayant été élevées à une époque très ancienne, et dans un but qui paraît être religieux. Mais comme le caractère des monuments auxquels les menhirs sont associés est lui-même obscur, il en résulte que nous devons être très réservés en ce qui concerne les menhirs eux-mêmes, et que nous devons nous borner, *nous appuyant sur les faits*, à formuler les propositions suivantes :

« 1° Les menhirs, dans leur généralité, ne sont point des pierres tombales. — Les fouilles faites au pied de ces monuments n'ont, du moins jusqu'ici, donné aucun résultat qui permit de leur assigner cette destination ;

« 2° Les menhirs ne sont point des autels ; aucun fait, aucun texte ne conduit à cette conclusion ;

« 3° Ce sont *très probablement* des monuments commémoratifs et religieux ; l'étude attentive de tout ce qui a été observé jusqu'ici par ceux qui se sont occupés de ces monuments ne nous apprend pas autre chose.

« Nous pouvons ajouter seulement que les menhirs d'un caractère bien constaté ne se trouvent guère que dans le N.-O. et l'O. de la France, c'est-à-dire dans les mêmes contrées que les dolmens, et que par conséquent on peut attribuer aux uns et aux autres une origine commune.

« Les pierres tombales, les pierres limitantes et la plupart des pierres objets de légendes populaires, confondues avec les menhirs dans presque tous les mémoires que nous avons dépouillés, sont, en général, d'une époque beaucoup moins reculée, et n'appartiennent pas à une contrée plutôt qu'à une autre. Elles sont aussi fréquentes dans l'est que dans l'ouest de la France. On en trouve notamment beaucoup dans le Jura. Elles n'ont, à nos yeux, aucun rapport avec les monuments de la Bretagne, de la

Vendée, de la Vienne, etc., c'est-à-dire avec les menhirs proprement dits.

« Quant au kroummleac'hs, le nombre en est si limité en France, et la conservation si imparfaite, qu'il serait bien présomptueux de prétendre, avec des éléments si incomplets, en déterminer le caractère et la destination. Je n'ai recueilli que trente-quatre indications de kroummleac'hs, je n'en ai vu personnellement que quatre. C'est en Danemark, où ces monuments sont beaucoup plus nombreux et beaucoup mieux conservés, qu'il faut les étudier. Jusqu'à nouvel ordre, nous devons donc nous en tenir à l'opinion des Danois pour ce qui est de ces monuments.

« L'étude des dolmens et des tumulus m'a conduit à des résultats beaucoup plus satisfaisants, et qui indirectement jettent quelque jour sur la question des menhirs et des kroummleac'hs, etc. etc. »

Nous renvoyons, pour les développements sur les dolmens et les tumulus, au *Mémoire* couronné par l'Académie des Inscriptions, et dont M. Alexandre Bertrand prépare en ce moment la publication, attendue avec impatience par le monde savant.

III

LES CAIRNS OU CARNS, LEUR ORIGINE ET LEUR DESTINATION CHEZ LES ANCIENS PEUPLES. — CARNAC DÉSIGNE-T-IL DES CAIRNS ET DES MENHIRS ? EXAMEN CRITIQUE DE QUELQUES OPINIONS BASÉES SUR L'ÉTYMOLOGIE DE CE MOT ; FAUSSE APPLICATION ET FAUSSE INTERPRÉTATION. — FOUILLES DANS LE MONT-SAINT-MICHEL DE CARNAC ET NOUVELLES DÉCOUVERTES.

Un de mes amis qui court le monde pour satisfaire son goût, je dirais presque sa passion, pour les monuments de la nature et de l'art, m'écrivait d'Auray (Morbihan), le 19 juillet 1862.

« Grande nouvelle et grande joie, mon cher ami, parmi les archéologues et les celtophiles bretons.

— Quoi donc ? allez-vous dire. L'Atlantique aurait-il abandonné et mis à découvert les ruines de l'antique et superbe Ker-Is, sur les côtes du Finistère, ou celles de la riche et puissante Tolente, sur les rivages de la Manche ?...

— Non, ces cités fameuses sont toujours sous les flots qui les ont recouvertes... Mais il s'agit d'une nouvelle qui n'excitera pas moins de curiosité et d'intérêt parmi les savants que celle qui nous annoncerait que quelqu'une de ces villes abîmées vient d'être exhumée des sables qui l'ensevelissent depuis tant de siècles... M. le Fèvre, préfet du Morbihan, toujours empressé de seconder le zèle de nos sociétés savantes, vient d'ordonner des fouilles dans le plus beau tumulus connu, la butte de Carnac ou le Mont-Saint-Michel, comme on le nomme dans le pays. On s'attend à trouver dans les entrailles de cette colline factice les débris des vieux âges, de ces objets qui ont appartenu à cette race de *géants* qui a élevé les énormes menhirs et les dolmens qui couvrent toute cette contrée depuis Carnac jusqu'à Erdeven, c'est-à-dire sur un espace de deux lieues et demie. Vous avez vu au Musée de Vannes les curieux *celts*, les colliers, les bracelets de jaspe, trouvés sous le tumulus de Tumiac, et si bien décrits par M. le docteur Fouquet dans son rapport à M. le préfet du Morbihan. On espère que le Mont-Saint-Michel fournira des antiquités qui ne seront pas moins remarquables. »

J'adressai aussitôt à mon correspondant la lettre suivante pour lui faire part de mes réflexions sur la nouvelle qu'il venait de m'annoncer.

« J'apprends, mon cher ami, avec le tressaillement de joie d'un véritable celtomane le projet d'ouvrir le Mont-Saint-Michel de Carnac. C'est à son sommet que j'ai fait mon début dans l'étude des monuments qui couvrent cette terre sacrée. Ne sera-ce pas une chose étrange que de voir les vieux Gaëls sortir de la nuit de leurs sépulcres, après un sommeil de quarante siècles, pour assister au passage de nos convois de chemins de fer, nouvelles merveilles au milieu des merveilles non moins étonnantes, mais empreintes, il en faut bien convenir, d'une toute autre grandeur morale, que nos pères ont semées sur ces rivages de l'extrême Occident...

« Ne pouvant deviner ce que renferme ce magnifique

tumulus, je me suis borné à rechercher l'origine de son nom et sa véritable interprétation.

« Une chose qu'on ne peut s'empêcher de remarquer et qui est particulière aux monuments celtiques de la Bretagne, c'est que le nom qu'ils portent aujourd'hui est une appellation tirée de leur forme ou de leur combinaison, mais qui n'indique nullement leur destination. Ce sont des noms empruntés au breton actuel, ce qui pourrait faire croire que cette langue n'était pas celle des hommes qui les ont érigés. Menhir (pour *mean-hir*) signifie seulement *pierre-longue*; Peûl-van (pour *peûl-mean*) se traduit par *pilier-pierre*; Dolmen (pour *taol-mean*) veut dire *table de pierre*; Kroumm-leac'h est composé de *kroumm*, courbe, courbé, et de *leuc'h*, lieu, *lieu courbé, arqué*, c'est-à-dire *où il y a des pierres disposées en cercle*; ainsi des autres. On dirait une nomenclature dressée par des enfants qui nomment ce qu'ils voient d'après les apparences, et qui n'ont pas la moindre idée de la destination des monuments qu'ils ont sous les yeux. La race qui les a érigés aurait-elle disparu subitement, ou n'aurait-elle rien transmis à celle qui la remplaçait ? Admettrons-nous l'opinion de M. d'Omalius d'Halloy ?

« Il est probable, dit ce savant, que les peuples qui
« parlent actuellement des langues celtiques ne sont pas
« des descendants purs des anciens Celtes, mais qu'ils
« sont le résultat du mélange de ces derniers avec les
« Araméens, que nous supposons les avoir précédés dans
« le midi de l'Europe, et avec les Latins et les Teutons,
« qui les ont soumis postérieurement. »

« Mais ce n'est là qu'une pure conjecture. L'obscure question des rapports antiques de la race sémitique et de la race iranienne dans le bassin du Tigre et de l'Euphrate, n'a pas encore reçu une solution satisfaisante; à plus forte raison celles des mêmes races dans le bassin de la Loire.

« Je reviens à Carnac. Il n'est pas douteux pour moi que ce mot ne soit le même que *carn* ou *cairn*, qui en irlandais et en cymraeg ou gallois, signifie *hauteur*, *éminence*, *colline*, exactement le sens de *tumulus*, qui ne signifie pas autre chose lui-même que *tertre*, *élévation de terrain*, *terre amoncelée*, et par extension *tombeau*.

« Le cairn celtique est le *Mont-Sacré*, le mont primitivement consacré au soleil. Apollon ou le soleil était surnommé *carnens* chez les Latins, *karneios*, chez les Grecs, et *carn* semble bien être le radical de ces surnoms, qui s'applique au dieu honoré sur les hauteurs. On sait que le soleil a été le premier objet du culte des Sabéens et probablement de l'idolâtrie tout entière; il a été adoré comme l'emblème de la Divinité suprême chez tous les peuples.

« Le culte du soleil avait en lui-même quelque chose d'élevé et de grand; et il est probable que, dans le principe, une pensée coupable n'en altérait pas la majesté. Cet astre splendide aura été simplement pour les premiers peuples le symbole de la gloire et de la majesté de Dieu, l'instrument et l'image de sa bienfaisance et de sa providence. Le sabéisme est mêlé dans une foule de systèmes religieux de l'ancien et du nouveau monde, et l'on sait que chez les Celtes de la Gaule, de la Germanie, de l'Irlande, etc., les astres avaient une part notable des hommages et du culte que l'on rendait à la Divinité.

« Le cairn celtique est le même que le *mound* scythique, le *tépé* tartare, le *barrow* teutonique, le *tumbos* grec, le *tumulus* latin, le *nur-gal* des Cuthéens, le *nur-hag* des habitants de la Sardaigne, le *tecalli* mexicain. Tous ont conservé la forme monumentale qui fut en usage avant celle des pyramides, parce qu'elle était moins artificielle. Ces mots ne signifient que *hauteur*, *éminence*, et les monuments qu'ils désignent ne paraissent avoir eu d'abord d'autre destination que de servir au culte du soleil. Mais cet astre était regardé comme l'auteur de la vie, l'usage s'établit d'élever des tertres ou éminences factices sur le lieu où l'on avait placé les cendres ou la dépouille des morts illustres, riches ou puissants, et de les consacrer au soleil. Chez les Scythes, on élevait au-dessus du sépulcre des rois et des nobles une butte d'une hauteur proportionnée à l'honneur qu'on voulait ou qu'on devait rendre au mort. C'est ainsi que les *cairns*, les *barrows*, les *tumuli*, etc., devinrent synonymes de tombeaux ou lieux de sépulture [1].

« Dans les anciens temps, les monuments funèbres des Grecs ne consistaient qu'en un *tumulus* ou butte de terre qui s'élevait en cône, et qu'on couvrait quelquefois de

---

[1] « Presque tous les peuples primitifs ont cherché à décorer et à protéger les sépultures par des monticules. » M. l'abbé Bourassé, *Archéol. chrétienne*, p. 48. « Quelques critiques, dit-il ailleurs, ont pensé que les *cairns* ou tumulus celtiques n'avaient pas toujours eu une destination funéraire, mais qu'ils avaient servi pour le culte du soleil. Ils s'appuient sur ce que les peuples, livrés à la superstition du sabéisme, allumaient du feu sur les hauteurs naturelles ou factices, croyant faire plaisir à la divinité qu'ils honoraient. » Voyez les *Mémoires de la Soc. arch. de la Touraine*, 1843, etc.

pierres. Dans la contrée où était l'ancienne Troie et sur la côte de l'Hellespont, on a trouvé plusieurs de ces *tumuli*. Il y avait déjà, du temps de la guerre de Troie, de ces *tumuli*, regardés comme des monuments très anciens : tel était celui d'Œsyétès ; tel était encore le tombeau commun de Zéthés et d'Amphion à Thèbes. Quelquefois ces *tumuli* étaient entourés de pierres : tels étaient le tombeau d'Œnomaüs, près d'Elis ; celui de Phœziens, en Arcadie ; et celui d'Œpytus, sur le mont Sépia, aussi en Arcadie, dans l'endroit où il avait été tué par un serpent. A l'occasion de ce dernier, Pausanias dit qu'il y fait d'autant plus d'attention, qu'Homère en fait mention lorsqu'il parle des Arcadiens ; mais il ajoute qu'il n'en a plus trouvé qu'une butte de terre entourée de pierres. La butte tumulaire de Tydée, près de Thèbes, était couverte de trois pierres brutes.

« La combinaison du dolmen et du cairn a été signalée dans presque tous les pays. On en a trouvé des spécimens dans le Latium, en Italie, près de Civita-Vecchia à vingt-deux milles de Rome, non loin de l'ancienne Alsium et de Santa Marinella. Il en existe encore un à Chiusa, un autre près de Pratina, sur l'emplacement de Lavinium[1].

« Ceux de ces monts sacrés qui sont artificiels, dit
« Thomas Moore, ont été appelés généralement *barrows*
« ou *cairns*, suivant qu'ils sont formés de terre ou de
« pierres ; et quoiqu'ils aient été employés à divers usages,
« comme à la promulgation des lois, à l'élection des rois

---

[1] On a trouvé dans des tumulus américains des têtes renfermant des dents fausses. Un dolmen récemment ouvert, près de Mantes, a fourni le corps d'un homme adulte dont le tibia, fracturé en flûte, présente une soudure artificielle.

« ou chefs, etc., on pense qu'ils ne furent dans l'origine
« que de simples tombeaux, tels que l'on en peut voir
« dans tout les pays du monde, lesquels, comme monu-
« ments funéraires, précédèrent les pyramides elles-
« mêmes... Les antiquaires signalent en différentes parties
« de l'Irlande des monuments semblables, comme le grand
« barrow de New-Grange, etc. On trouve dans l'antiquité
« des preuves nombreuses que les *cairns* et les *barrows*
« étaient consacrés au soleil. »

« Le mot *carn*, dans le sens que je viens d'expliquer, ne s'est pas conservé dans le dialecte armoricain, mais ce dialecte possède un autre mot qui en est le synonyme et a la même signification, c'est le mot TUN, *hauteur, colline*; il se trouve avec une légère modification dans *Tumiac*, autre butte funéraire dans le Morbihan, ouverte, comme vous le savez, en 1853. *Tun* a été emprunté au celtique par les latins qui en ont fait *tum-ulus*, lequel a aussi le sens d'*éminence* ou *tertre artificiel*, comme je l'ai remarqué plus haut. *Dune* en vient évidemment, ainsi que *dun* dans plusieurs noms de villes bâties sur des hauteurs ou en amphithéâtre : Lug-*dunum*, Château-*dun*, Issou-*dun*, Uxello-*dunum*, etc. Ce qui démontre une fois de plus que l'ancien gaulois était un dialecte celtique comme l'armoricain.

« Maintenant, mon cher ami, vous savez ce que c'est que *ek, ec, ac*, qui termine Carn-ac, Tum-iac, etc. Ces syllabes, ainsi placées à la fin des mots, marquent, en breton, la possession, et peuvent se traduire par cette phrase: *Où il y a du... de la... des...* Ainsi Carnac veut dire littéralement : *Où il y a des carns*, ou *contrée des carns*. Le pays de Carnac est en effet la région des dolmens, et les dolmens sont des tombeaux dont la plupart ont été mis à nu par la destruction du monticule artificiel qui les recouvrait à l'origine et qui constituait le *carn*[1]. *Tum-iac* veut dire *où il y a un tumulus*, une *colline tumulaire* ou factice.

« Remarquons encore, à propos de cette suffixe *ac*, qu'elle se trouve comme mot gaulois, avec le sens du latin GENS, *famille, souche*, mais sous la forme *ack*. Ach en gallois signifie aussi *race*, comme l'atteste un vocabulaire du XIe siècle ; nous ne serions point étonné qu'il se trouvât des étymologistes qui, s'emparant de ces mots, traduisissent Carnac et Tumiac par *tombeau de famille*.

« Au moment où l'attention des savants va se concentrer sur le monument de Carnac à propos de la fouille qu'on y fait, je pense qu'il conviendrait d'être fixé sur la véritable signification de son nom. Je viens de vous dire mon sentiment ; j'attends le vôtre. »

La réplique ne se fit pas attendre. Mon correspondant m'écrivit courrier par courrier une lettre dont voici un extrait :

« Ainsi, mon cher ami, vous voilà lancé dans l'interprétation du monument de Carnac sur la simple étymologie de son nom. Vous me semblez courir une voie bien chanceuse. Ne feriez-vous point un peu de l'étymologie comme on fait quelquefois de la statistique, à un point de vue préconçu et en forçant plus ou moins les rapports ou les chiffres ?

---

[1] Suivant Varron, toute chambre sépulcrale marquée des caractères du dolmen a été primitivement recouverte d'un tumulus détruit postérieurement.

« On peut trouver bien des choses dans ce mot mystérieux de Carnac, qui a déjà donné tant de tablature aux archéologues. Ainsi pour vous, en abordant le monument de Carnac, c'est le Mont-Saint-Michel qui vous aura probablement le plus frappé ; de là le point de vue où vous vous serez placé pour en donner une interprétation.

« D'autres, comme M. de la Villemarqué, ont traduit *Carnac* par *amas de pierres*, et ne voient dans ce monument qu'un cimetière gigantesque où chaque tombeau est marqué par un menhir.

« Pour d'autres encore, *Carnac* veut dire *contrée des sépultures*, fondant leur interprétation sur les mots *carnac*, *carnel*, qui, en celtique, suivant eux, veulent dire *charnier*, *ossuaire*, *dépôt d'os*, etc. Le cimetière de Lorient se nomme Carnel.

« Voilà les principales opinions généralement adoptées en Bretagne. Nulle part le mot *Carnac* n'est restreint à la signification que vous lui donnez, et qui exclut les menhirs. Vous voulez connaître mon sentiment, je vous envoie celui des archéologues du pays. Pour moi, si je pouvais en avoir un, je me rangerais, je crois, à celui que je viens d'exposer en dernier lieu. Mais j'attendrai le résultat final de vos élucubrations philologiques avant de me prononcer. Vous aurez fait beaucoup pour me décider en votre faveur si votre réponse aux théories que je vous envoie est satisfaisante. »

Je sais ce que c'est que la ténacité, je pourrais dire l'obsession d'une opinion dans laquelle on a vieilli.

L'évidence la plus palpable ne suffit pas toujours pour faire tomber une longue prévention ; rien de plus opiniâtre.

Aussi je ne me dissimule point le peu de chance que j'ai de faire prévaloir un sentiment que l'on regardera peut-être comme une nouveauté téméraire. Quoiqu'il arrive, j'interviens dans la question sans aucun parti pris, complétement désintéressé, d'ailleurs plein d'estime et de sympathie pour les savants qui ont publiquement professé sur ces matières un sentiment différent du mien ; j'ai consciencieusement pesé les arguments, discuté les preuves, examiné les opinions de ces archéologues célèbres, que je me plais à proclamer mes maîtres. Si donc j'émets ici, sur ces questions, des idées qui s'écartent de celles que ces éminents auteurs ont soutenues, c'est que je cède à des convictions irrésistibles, basées sur des preuves qui me paraissent si claires, si décisives, que je ne puis m'expliquer qu'elles n'aient pas frappé les savants qui se sont occupés de ces antiquités celtiques.

Ces réflexions faites et ces explications données, je reproduis ici la lettre que j'adressai à mon correspondant.

« Vous avez bien raison, mon cher ami, on a fait et on fait toujours de mauvaises étymologies et de mauvaise statistique, comme tant d'autres choses qu'on fait mal, et qu'il faudrait bien faire ; mais telle est la débilité de notre esprit, l'infirmité de notre science. Les savants sont tous un peu comme les pots voyageurs de la Fontaine (pardon, mon ami, de la comparaison) :

> Mes gens s'en vont à trois piés
> Clopin clopant comme ils peuvent,
> L'un contre l'autre jetés
> Au moindre hoquet qu'ils treuvent.

« Faut-il pour cela renoncer à l'étymologie et à la statistique? Je ne le pense pas, ni vous non plus sans doute ; seulement il nous faut tâcher d'en faire de bonnes.

« Certainement l'étymologie d'un nom n'est pas toujours suffisante pour expliquer l'usage ou la destination d'un monument ; mais lorsque ce nom est donné dans différents pays parlant des dialectes d'une même langue originelle à des monuments de même nature, l'analogie devient un guide qu'il serait peu sage de repousser. Ainsi c'est un fait de linguistique accessible à tout le monde, que *carn* ou *cairn* en irlandais et en cymraeg ou gallois, signifie *colline*, *hauteur*, *éminence*, ou ce que nous appelons avec les Latins *tumulus*. Ces monts naturels ou factices étaient, dans une haute antiquité, chez tous les peuples de la race japhétique, consacrés au soleil. Ceci n'est plus une question. Maintenant Carnac est-il une de ces collines artificielles ? Je le pense, et je pense aussi que son nom est d'origine celtique et non latine, comme quelques personnes semblent le croire, parce que *carn* ou *cairn*, désignant en Irlande et chez les Gallois, ces sortes d'éminences tumulaires, me conduit à admettre qu'il est également la racine du mot *Carnac* comme désignant chez nous un monument de même nature.

« Je vous dirai entre parenthèses, mon ami, que, dans ma visite aux monuments de Carnac, la butte Saint-Michel n'attira pas le moins du monde mon attention. Son sommet me servit seulement d'observatoire pour promener sur le magnifique panorama qui m'environnait la longue-vue que me prêtait un de MM. les vicaires de Carnac qui m'accompagnaient. Je n'avais garde alors de m'occuper de cette colline : je ne savais pas encore qu'elle fût factice et pût recéler des tombeaux.

« Examinons maintenant les systèmes sur lesquels vous appelez mon attention.

« Notre savant compatriote, M. de la Villemarqué, l'une des illustrations de notre Bretagne, peut à la rigueur traduire *Carnac* par *amas de pierres*, en négligeant toutefois la suffixe *ac*. C'est ce qu'a fait aussi Cambry, qui dit avec raison que *carn* et *cairn* en gallois signifient *cumulus*, *agger lapidum*. Mais M. de la Villemarqué, aussi bien que Cambry et ceux qui se rangent à leur opinion, se sont trompés sur l'application du mot. Ni en irlandais ni en gallois les mots *carn* et *cairn* ne s'entendent des monuments auxquels ces auteurs les rapportent. Pour ceux-ci, les *amas de pierres* sont les menhirs répandus ou groupés sur la surface du pays. C'est une grave erreur. Ce n'est pas là du tout le sens de *carn* ni en Irlande ni dans le pays de Galles, où il n'y a, aux environs des *cairns*, rien qui rappelle la grande scène des menhirs de Carnac. Dans ces deux contrées, ces mots désignent simplement des éminences factices, formées de pierres ou de terres accumulées. La traduction latine de Cambry est parfaitement exacte : CUMULUS, dit Gardin Dumesnil, *est un assemblage de plusieurs choses placées les unes sur les autres ;* AGGER, suivant le même auteur, *se dit d'un amas de terre, d'une terrasse ;* ainsi *agger lapidum* signifiera un *entassement de pierres*. Je vous le demande, mon ami, est-ce possible d'employer ces mots pour désigner des blocs dispersés sur les bruyères? Le prétendre, évidemment ce ne serait entendre ni le latin, ni le gallois, ni l'irlandais.

« De tout ceci je me crois parfaitement autorisé à conclure que le mot *Carnac* ne doit s'entendre que des collines artificielles, formées d'une accumulation de pierres, de terre ou de vase et de sable, qui recèlent dans leur sein une ou plusieurs grottes funéraires, comme Tumiac, Gavr'énez, Nané-Lud, etc.[1]. Carnac a donc signifié à l'origine et doit signifier encore aujourd'hui exclusivement la *contrée des carns* ou des *tumulus*, sans aucune relation aux menhirs. La nécessité d'une classification exacte des monuments celtiques exige cette distinction. Il y a à Carnac des monuments de nature très-diverse ; on a commis une grave erreur en les confondant sous une même dénomination, dénomination fausse, comme on vient de le voir, pour toute une catégorie de ces monuments.

« Maintenant, mon cher ami, j'arrive à votre opinion personnelle, ou du moins à celle que vous préféreriez si vous pouviez faire un choix. Cette opinion consiste à interpréter le mot *Carnac* dans le sens de *contrée des sépultures*, en l'appliquant aussi bien aux menhirs qu'aux dolmens. Vous vous appuyez sur ce que *carnel*, en tout dialecte celtique, veut dire *charnier, ossuaire, dépôt d'os*. Et de fait, ajoutez-vous, le cimetière de Lorient se nomme Carnel.

---

[1] Telle est en effet la composition du Mont-Saint-Michel de Carnac, comme nous l'écrivait, le 23 juillet dernier, un de nos collègues de la Société Polymathique du Morbihan, M. le docteur Fouquet, un des plus savants et des plus zélés archéologues dont s'honore notre province.

« 1° Si *Carnac* veut dire *contrée des sépultures*, *ac* signifiera *contrée* et *carn*, *sépulture*. Mais alors de quelle langue faites-vous venir *carn*?... Est-ce du latin *caro, carnis*?.. Mais ce mot n'a en aucune manière le sens de *sépulture*, ni au propre ni au figuré. Il signifie *chair, viande,* et pas autre chose. Il faudrait donc traduire *contrée de la chair*... Quel nom pour désigner des monuments où l'on ne voit que des pierres debout et des dolmens sous lesquels on a trouvé quelquefois un peu de cendre dans un vase ou quelques débris d'ossements !... Et puis quelle précision pour interpréter un ensemble de monuments dont pas un en particulier ne porte un nom qui rappelle son usage ou sa destination réelle ! Combien n'est-il pas plus vraisemblable qu'il en est du mot *Carnac* comme de ceux de menhirs, de dolmens, de kroummleac'hs, etc., et que ce mot ne désigne autre chose que ce que le monument qu'il nomme paraît être à la première vue, c'est-à-dire une *hauteur*, une *éminence*, un *tumulus*.

« 2° Vous formez de *Carnac* un mot hybride, empruntant une moitié du mot au latin, et l'autre moitié au celtique. Est-il vraisemblable que le mot ait été fabriqué ainsi originairement ? La création d'un tel mot est contre nature, contre toutes les règles de la philologie, contre les lois qui ont présidé à la formation des langues.

« 3° Pourrez-vous prouver que les mots *cairn* et *carn*, employés par nos voisins d'outre-mer, sont aussi d'origine latine ? Si vous ne le pouvez pas, vous laissez subsister, contre votre opinion, la vraisemblance que le *Carnac* du Morbihan n'a pas été originairement autre chose que le *carn* celtique irlandais et gallois. Ici l'analogie, à tous les points de vue, est si frappante, qu'elle vous écrase.

« 4° Enfin vous ajoutez que *carnel*, nom du cimetière de Lorient, veut dire, en dialecte celtique, *charnier*, *ossuaire*, etc. Il est vrai que *carnel* a le sens que vous lui donnez, mais ce mot n'est point celtique. C'est un mot que l'armoricain, dans quelques cantons de la Bretagne, a emprunté, comme plusieurs autres, à la langue d'oïl, et qui est de création assurément bien postérieure à l'origine de Carnac. Si vous voulez vous donner la peine d'ouvrir les ouvrages français du xii° et du xiii° siècle, manuscrits qui pour la plupart ont été imprimés et publiés, vous trouverez à chaque page les mots *car*, *char*, *charn*, *carn* (chair) ; *carnel*, *charnel*, *carneil*, *carnelement*, *charnier*, *carner*, *carnail*, *caroigne*, *carongne*, etc., tous mots que j'extrais d'ouvrages que j'ai sous les yeux, et qui tous dérivent directement de **CARO, CARNIS** parce qu'ils appartiennent à une langue romane, et sont par conséquent de formation toute moderne.

« Mon ami, entrer dans une pareille voie pour remonter à nos origines celtiques, ce serait certainement faire fausse route et suivre un chemin qui ne pourrait aboutir qu'à l'erreur . . . .

. . . .

« Eh bien ! infatigables fouilleurs de vieilles ruines et de vieux monuments, où en êtes-vous à Carnac ? Votre pioche n'a-t-elle point déjà heurté quelque cercueil de pierres, enseveli depuis quatre mille ans sous cette montagne de main d'homme ? N'avez-vous point vu, le soir, passer dans la nuit autour du monument quelque ombre gigantesque de ces primitifs habitants de l'Armorique, de ces fils robustes de l'antique Japhet, qui remuaient si facilement ces masses de granit dont l'énorme volume effraie nos débiles générations et jette notre imagination dans la stupeur? Oh! vous avez dû avoir quelques visions étranges, entendre quelques voix, quelques plaintes inconnues sortir de ces profondeurs souterraines, demeure respectée depuis tant de siècles, et que vous êtes venus troubler, audacieux profanateurs des tombeaux de nos pères... Que ces vieux Celtes vous le pardonnent!... C'est par amour pour la science que vous troublez ainsi leurs cendres. Les anciens, vous le savez, gravaient des serpents sur la pierre des tombeaux pour les protéger contre la profanation et rappeler aux vivants le respect pour les morts; vous les avez trouvés reproduits sur une pierre de la grotte de Gavr'énez, mais les serpents sculptés ne vous font pas peur et ne vous arrêteront pas... »

Le départ d'Auray de mon correspondant ne lui permit de répondre à cette lettre qu'environ un mois après. Voici cette réponse :

« Mon cher ami, votre dernière lettre ne m'a point trouvé à son adresse. J'étais parti pour Brest, où elle m'est parvenue un peu tard. Je vous avoue qu'elle m'a fortement ébranlé. J'incline pour votre sentiment. Je pars prochainement pour l'Irlande, où je ne perdrai pas de vue les monuments de l'époque celtique et les traditions qui s'y rattachent. Je serai attentif à vérifier les données très satisfaisantes que vous m'envoyez sur l'origine des *carns*, parmi lesquels il faut classer le Mont-Saint-Michel à l'exclusion des menhirs, auxquels le mot Carnac ne doit plus être appliqué, étymologiquement parlant.

« Comme il y a quelques semaines que j'ai quitté Auray, je ne puis vous dire où en sont les fouilles dans le carn susdit, mais elles doivent être avancées sinon terminées.

« Adieu, mon cher ami. Si nous fouillons avec quelques succès en Bretagne dans les vieux tumulus, vous fouillez, vous, assez heureusement dans les vieilles traditions. Je vous écrirai d'Irlande. Quelle joie si mes courses et mes recherches sur cette vieille terre pouvaient me conduire à quelque bonne petite découverte archéologique ! Je m'empresserais de vous en faire part. »

Cette réponse ayant tardé à m'arriver, je m'adressai dans l'intervalle à M. le docteur Fouquet, pour le prier de me faire connaître le résultat des fouilles faites au Mont-Saint-Michel. Quelques jours après, M. Fouquet m'écrivait avec cette obligeance aimable et empressée qu'on ne lasse jamais, la curieuse et intéressante lettre qu'on va lire.

« Vannes, le 12 septembre 1862.

« Monsieur et cher Collègue,

« Vous me demandez si nos fouilles dans la butte de Saint-Michel, à Carnac, ont obtenu enfin quelque résultat. J'ai le plaisir de vous annoncer qu'elles ont parfaitement réussi, et que le puits de huit mètres, creusé au centre de ce vaste tumulus, nous a conduits à un dolmen de très petite dimension, contenant, comme celui que nous avons trouvé dans la butte de Tumiac, du terreau de bois, cent vingt grains de colliers, quelques débris d'ossements, et trente-sept *celtæ* d'une très grande pureté de forme et de taille.

« Le dolmen souterrain de cette butte de Saint-Michel est tout à fait primitif, et c'est le plus petit que nous ayons jamais rencontré. Il diffère de tous ceux que nous connaissions, en ceci, que ces parois verticales ne se composent pas de pierres debout, mais de blocs de granit placés les uns sur les autres comme ils ont dû sortir de la carrière.

« Ce genre de dolmen est-il plus ancien que les autres ? Sa simplicité le donnerait à penser ; et l'on pourrait même croire que plus le monument extérieur est beau et grand, plus le monument intérieur d'un tumulus est petit et mesquin. C'est ce que nous avons jusqu'ici observé. La magnifique grotte de Gavr'énez n'est recouverte que d'un très petit galgal, et les deux grottes de Tumiac et de Saint-Michel supportent d'énormes collines factices.

« La butte de Saint-Michel, comme celle de Tumiac, se composait de vase et de pierres, mais dans des proportions différentes. A Tumiac, il y a beaucoup de vase et peu de pierres ; à Saint-Michel, au contraire, il y a beaucoup de pierres et peu de vase. C'est du reste la proportion que l'on trouve dans les matériaux sur place, dans les deux communes d'Arzon et de Carnac.

« Je m'abstiens d'une plus longue description et de tout autre observation. Je dois laisser à l'un de nos membres, chargé des fouilles (M. le sous-intendant Galles), le soin d'un rapport complet que notre bulletin archéologique mettra sous vos yeux en 1863. Bientôt le résumé de nos délibérations en séance vous portera l'extrait du rapport de M. Galles.

« Je tenais seulement à satisfaire votre juste curiosité scientifique, et c'est dans ce but que je vous adresse ces quelques mots sur notre fouille à Carnac.

« Recevez, cher collègue, les assurances de mon respect et de mon affectueuse confraternité.

« Fouquet, D.-M,

« Conservateur-adjoint des Musées de Vannes,
ancien Président de la Société Polymathique du Morbihan, etc. »

Si nos élucubrations philologiques et archéologiques ont déterminé dans l'esprit du lecteur une conviction qui ne laisse plus aucun doute, nous ferons observer que ce serait une coïncidence remarquable que la découverte de ce dolmen tout primitif, caché au fond du *carn* de Saint-Michel, et la découverte de la véritable interprétation ou application du mot *Carnac*, lequel renfermerait le nom réel et primordial de ce tumulus gigantesque; ce qui mettrait fin à toutes les conjectures qui ont été faites jusqu'ici, et à celles qui pourraient être essayées encore sur ce mot, depuis longtemps objet de scientifiques débats.

LA BRETAGNE

CELTO-KYMRIQUE

TRADITIONS DRUIDIQUES

I

LES CELTES GAËLS OU GALLS ET LES KYMRIS. — LEURS MŒURS, LEUR INDUSTRIE, ETC.

Aux limites les plus reculées de la tradition, nous trouvons, occupant toute l'Europe, par suite de migrations successives, les Celtes, primitivement détachés, ainsi que nous l'avons déjà dit, des immenses populations nomades de la haute Asie [1].

Ils sont divisés par tribus et forment des confédérations redoutables. On distingue particulièrement les Galls ou Gaëls, qui ont donné leur nom à la Gaule (*Gall-tachd*, terre des Galls), peuple de bruit et de mouvement. Le récit de leurs guerres, de leurs invasions, de leurs colonies, remplit l'histoire; nous ne nous y arrêtons pas.

---

[1] Les Grecs nommaient les Gaëls, ΓΑΛΑΤΑΙ, ΚΕΛΤΟΙ, dont les Romains ont fait *Celtæ* (Keltæ). On trouve sur les médailles les différentes formes KALETEDOU, KALDOU, KALDU, KALEDU.

Suivant le P. de Rostrenen (*Dict. Bret.*), *Celte* viendrait de *Kelet*, pluriel de *Kalet*, dur, solide, endurci, intrépide et brave. — Suivant M. Bergmann, ce serait au VIe siècle avant notre ère que les Hellènes auraient substitué au nom d'*Hyperboréens* celui de *Celtes*, qu'il dérive de *Chaldes* ou *Khaldes*, une des branches, avec les *Kimmeries*, de la souche *Kamare*, descendue de *Gomer*, fils de Japhet.

Du VIIe au Ve siècle avant l'ère chrétienne, il se fait sur différents points du globe un remarquable mouvement d'idées philosophiques et religieuses. C'est dans cet intervalle qu'apparaissent Bouddha dans l'Inde, Zoroastre en Perse Pythagore en Grèce, Zamolxis chez les peuples Gètes, Hu chez les Kymris, Hu l'organisateur de la hiérarchie et du dogme druidiques, tels que les monuments grecs, latins et celtiques nous les font connaître. Les Kymris, *Cimmériens* des Grecs, *Cimbres* des Romains, formaient une innombrable tribu, de race celtique, qui occupait depuis longtemps une partie de l'Europe orientale et surtout la Crimée, dont le nom rappelle encore le souvenir[1]. Ce nom de Kymris dériverait primitivement de Gomer, fils de Japhet (*Voy.* la Genèse), et leur aurait été donné dans leur contact avec les populations sémitiques accumulées dans les montagnes de l'Arménie. De plus, on a trouvé très fréquemment dans les inscriptions cunéiformes le nom des *Gumiris* entre autres, sur les pierres de Bisoutoun[2]. On a supposé que les Kymris étaient des frères que les Gaëls, à l'origine des temps, lorsqu'ils quittèrent l'Asie, laissèrent derrière eux et qui s'avancèrent à leur tour vers l'Europe, où ils rencontrèrent leurs aînés, dont ils envahirent les établis-

[1] On a trouvé en Crimée, près de Kertch, un tumulus qui porte le nom de Raoul Oba, ce qui signifie *Montagne-Centre*. C'est exactement la signification de *Mané-Lud*, nom d'un beau tumulus et d'un superbe dolmen que nous avons visités à l'entrée de Locmariaker (Morbihan). En faisant ce rapprochement, nous ne voulons pas faire penser que les Kymris soient pour quelque chose dans l'érection de l'un ou de l'autre monument. A notre avis, les monuments celtiques appartiennent à une migration dont la tradition n'a gardé qu'un obscur souvenir.

[2] Le mont Mérou, comme on sait, est regardé comme le *faîte* ou le *dôme du monde*, et le point de départ des premiers hommes. On a distingué le *Sou-Mérou*, ou le Mérou supérieur, séjour des dieux, et le *Kou-Mérou*, ou le dessous du Mérou, les régions inférieures, habitées par les races qui gagnèrent l'ouest.

sements et auxquels ils imposèrent leurs institutions religieuses et civiles [1].

Vers la même époque, les nations teutoniques, chassées du fond de l'Asie, pénétrèrent pour la première fois en Europe, poussant devant elles, vers l'Occident, la masse des Kymris. Ceux-ci remontèrent le cours du Danube, et sous la conduite de Hu-Cadarn ou Hu *le Grand*, *le Terrible*, ils envahirent la Gaule par le Rhin, et l'île de Bretagne par la mer du Nord [2]. Le nord et l'ouest de la Gaule tombèrent entièrement en leur pouvoir.

Au IVe siècle avant Jésus-Christ, les Galls primitifs occupaient l'est et le sud de la Gaule, l'Écosse, l'île d'Érin (Irlande), l'Italie transpadane (au nord du Pô), la rive droite du Danube et les Alpes Illyriennes, sans parler des populations semi-galliques de l'Espagne. Les Kymris tenaient le reste de la Gaule, la Bretagne méridionale (Angleterre), qu'ils avaient enlevée aux Galls; la Cispadane (au sud du Pô); l'Allemagne depuis le Danube jusqu'à la Chersonnèse Cymbrique (le Danemark) et l'Océan.

Sur la fin de ce même siècle, les Sénons, tribus Kymriques cisalpines, au nombre de trente mille, marchent, conduits

---

[1] Le père commun des Gaëls et des Kymris, le patriarche oriental en qui aurait été personnifiée l'unité de la race gauloise en Asie, portait le nom mystérieux de Neimheidh (*Némès*), d'où *Nimida*, temple ou enceinte sacrée dans les bois de chênes.

[2] Les documents historiques des Gaulois donnent tous à la race des Kymris une origine orientale. Les Triades la font sortir de cette partie de *Haf* (pays de l'été), qui se nomme *Deffrobani*, et où se trouve à présent Constantinople. Ils vinrent de là, à travers l'Océan germanique, dans l'île de Bretagne et dans le pays de Lydaw, l'Armorique, où ils se fixèrent (*Triad.* 4). — « C'était, dit Taliésin, barde du VIe siècle, c'était un peuple ingénieux et adroit, un peuple de hardis pirates. Quand ils parurent vêtus de leurs longs manteaux, nul n'osa se prétendre leur égal. Leur génie est devenu célèbre; ils ont rempli l'Europe d'épouvante. »

par leur *brenn* ou chef (*brennus* des Latins) contre Rome, détruisent l'armée de la république et bivouaquent sur les ruines fumantes de la capitale du Latium, où ils restent dix-sept ans.

Dans le même siècle encore, nouvelle invasion dans la Gaule (excepté en Armorique) de Kymris transrhénans, Cimbres proprement dits, Boïes ou Bogs, Belges ou Bolgs (guerriers). A ceux-ci se joignent, vers 281 avant Jésus-Christ, des Kymris, des Galls et des Germains, qui s'abattent sur la Grèce, pillent le trésor de Delphes, franchissent le Bosphore, se partagent l'Asie Mineure et y fondent une Gaule nouvelle sous le nom de Galatie [1].

Parmi les Kymris, la confédération armoricaine reconnaissait la suprématie des Vénètes (*Gwened*, Vannes), les plus hardis marins de toute la Gaule. A cette ligue se rattachaient la plupart des Kymris de la première invasion, entre lesquels on distinguait les Carnutes (Orléanais et pays Chartrain), clients des Rèmes (Reims).

Donnons maintenant un aperçu des mœurs, des usages des Celtes-Galls et Kymris, tels que nous les font connaître les historiens de l'antiquité et les monuments.

Passions turbulentes, amour du luxe, compréhension vive et facile, esprit naturel très éveillé, curieux; inconsistance d'humeur et de goût.

---

[1] « L'unique exemple d'une impulsion en sens contraire (c'est-à-dire de l'ouest à l'est), celui des Gaulois retournant en Asie pour s'établir dans la Galatie, s'explique peut-être précisément par des souvenirs d'origine qui leur inspiraient le désir de revenir au pays merveilleux de leurs pères; car une vieille tradition conservée chez les Kymri fait partir de l'Hellespont le chef *Hu le Puissant*, pour amener son peuple dans la Grande-Bretagne. » — M. Pictet, *Les Origines indo-européennes*, p. 3.

Gouvernement féodal, comme les Hindous primitifs, les Grecs homériques, les Chinois, etc.

Infanterie, cavalerie, chariots de guerre et chiens de combat. Armes de métal. Ils nommaient le fer *ierne, irne, jarann,* le cuivre *copar,* le plomb *luaid,* le sel *kd, sàl.*

Hallebardes, jambards, casques d'or ou de zinc; des baudriers, des chaînes précieuses pour suspendre les glaives, pour attacher les clefs de la ménagère; bracelets de fil de métal en spirales, sceptres, couronnes, etc. Marques distinctives dans leur armure, gravées, ou peintes ou blasonnées (Diod. de Sic. — Véget, I, II et IV).

Maisons rondes, deux par deux, l'une l'habitation, l'autre la grange, faites de planches et de torchis, souvent recouvertes de plâtre. Meubles en bois, travaillés avec soin, tapis à fleurs, matelas, lits de plumes (Pline, l. VIII). Ouvrages d'os et d'ivoire, peignes, aiguilles de tête, cuillers, dés à jouer, cornes à boire; harnais garnis de plaques de cuivre ou de bronze doré [1]; grand nombre de vases, tasses, amphores, coupes, cuivres étamés, etc. Objets communs en verre, blancs ou coloriés en bleu, jaune ou orange; colliers de verre servant d'insignes aux druides pour les degrés de la hiérarchie.

Étoffes de laine de différent degré de finesse, barriolée (*versicolor,* dit Tacite, *Hist.*, II, 20).

Marine considérable (Saintonge, Poitou, Armorique); vaisseaux de haut bord, fortes mâtures, voiles de peaux, su-

---

[1] Les Romains admiraient l'adresse des Gaulois à lancer leurs chars, à les arrêter sur des pentes rapides, à les tourner en tous sens, à courir sur le timon, à se tenir debout sur les chevaux et à s'élancer en arrière sur le char. — César, l. IV.

périeurs aux galères romaines, suivant César (*De Bello Gall.*, III, 8, 9, 11). Grand commerce :

« Les Gaulois inondent de leurs produits le globe entier. »

Villes nombreuses, populeuses, bien fortifiées, gros murs[1] dont la surface, mise en fusion par l'action du feu, s'est recouverte d'une croûte vitrifiée d'une dureté incomparable (Péran, près Saint-Brieuc, Écosse; Gorlitz dans la Lusace). Bâtissaient aussi en briques, tour sur la Loire, près Tours, d'un usage inconnu, mais probablement religieux (TACIT., *Hist.*, IV, 65).

Constructions de routes régulières et de ponts (Orléans, Paris, etc., CÆS., VII, 11). — Télégraphie au moyen d'agents qui se criaient l'un à l'autre et faisaient arriver en un jour une nouvelle à quatre-vingts lieues (CÆS., *ibid.*, VII, 3).

Nombreux cimetières, pas de tumulus, corps très souvent brûlés. Le nombre, la nature et la richesse des objets divers renfermés dans les tombes non seulement des grands, mais aussi des classes moyennes et inférieures, font naître une très haute idée du bien-être de ces classes et de l'opulence de la nation[2].

On a découvert dans les tombeaux des soldats gaulois tués à Alaise (Franche-Comté) le dernier jour de la grande lutte entre César et Vercingétorix, et qui ne furent pas

---

[1] Les Celtes-Galls connaissaient l'architecture fragmentaire, et bâtissaient en blocs énormes, qu'ils conservaient bruts pour n'en pas diminuer la force. On a pensé que le mode de construction des murs cyclopéens doit être attribué à une tradition religieuse qui défendait de faire subir aux blocs employés la moindre altération dans leur forme (*Revue Britann.*, 1843, p. 132).

[2] « La Gaule regorgeait d'or, et fut autrefois remplie de trésors ; c'est par cette raison que Manilius l'appelle la riche Gaule ; de là aussi ce proverbe grec : *La richesse celtique.* » — PTOLÉMÉE, l. IV. — POLYBE, l. II.

dépouillés après la bataille, un certain nombre d'objets curieux. On a trouvé des anneaux d'if pour les jambes et les bras; de larges bracelets du même bois, qui garnissaient le poignet de l'archer; d'autres bracelets de bronze, les plus variés de formes, tantôt en fil de laiton, tantôt en métal fondu, ici pleins, là creux; des pendants d'oreilles, souvent énormes, toujours légers parce que le centre est vide; des fibules de mille sortes; des diadèmes; des colliers de dents de sangliers ou d'émaux; les *torques*, le peigne du guerrier; son rasoir aiguisé à coups de marteau comme le tranchant d'une faux; son aiguille à coudre pointue des deux bouts, l'œil aux deux tiers de la longueur, les plaques métalliques, qui, fixées sur du cuir, ornent la cuirasse et la ceinture munie de boucles; la grille d'anneaux concentriques serrés, qui donnait au combattant, par un trou du bouclier, la vue de l'adversaire : tout cela en bronze; puis le couteau de fer emmanché d'un bois de cerf; l'épée à double tranchant, mal apointissée; le poignard, à manche bigorne, engagé parfois dans un élégant fourreau de bronze; les débris du char de guerre; les verroteries et les poteries de toutes natures; les lames de pierres à feu, minces, tranchantes, propres à servir de cuillères pour les repas; enfin, jusqu'au fragment de meule en granit, en lave ou en grès, sur lequel, à la guerre, chacun pilait son blé. Sur cette infinie variété d'objets et de formes, absence complète de toute image figurant des hommes, des animaux et des végétaux[1].

---

[1] Voy. les nombreux travaux qui ont été publiés sur Alaise, et particulièrement l'ouvrage de M. Delacroix (Besançon 1860).

Plus de trois cents ans avant César, les Galls battaient monnaie et avaient des pièces d'or, d'argent, d'or, argent et cuivre, de cuivre et de plomb, de cuivre seul, rondes, carrées, radiées, concaves, sphériques, plates, épaisses, minces, frappées en creux ou en relief [1].

Ils étaient passés maîtres dans la charronnerie : chars de guerre, voitures de luxe et de voyage. Passionnés pour les chevaux, ils en faisaient venir des pays d'outre-mer (Cæs., *ibid.*, iv, 2.

Exportation d'étoffes de laine, de toiles de lin, de cuivre etc. Inventeurs des roues pour la charrue et de l'usage de la marne pour engraisser les terres (Pline, l. xvii et xviii).

Bardes et chants qui conservaient les traditions cosmogoniques, théologiques, historiques.

Grande transformation par suite de la conquête romaine, mais surtout par la propagation du christianisme dans l'Occident.

Tout ce que nous disons ici des Galls ou Gaulois doit s'appliquer aux Kymris, qui ne faisaient, au fond, avec les Galls, qu'une même race [2].

---

[1] Tacite et César attestent que les Celtes possédaient l'art de l'écriture à une époque très ancienne. Chez eux, l'écriture ne servait que dans la vie privée et l'administration profane, au rebours des grands peuples asiatiques, chez qui elle servait principalement aux prêtres. Alphabets nationaux et non empruntés, comme le démontrent les légendes des monnaies. Mommsen compte jusqu'à neuf alphabets différents recueillis par lui au nord de l'Italie et dans les Alpes.

[2] « C'est cette même nation des Gaulois qui, sous le nom de Cimmériens, a jadis ravagé l'Asie, et qui, sous le nom de Cimbres, a fait la guerre aux Romains. » — Diod. de Sic., l. vi. — Sallust., *De Bell. Jugurth.*, n° CXI.

II

LE DRUIDISME. — CULTE GAELIQUE. — DIVINITÉS GAULOISES. — LES GÉNIES OU DIEUX SECONDAIRES. — LES MONUMENTS CELTIQUES, ANTÉRIEURS A L'ÉPOQUE DE L'INVASION KYMRIQUE. — HIÉRARCHIE DES DRUIDES ; LEURS PRINCIPAUX DOGMES. — PRÊTRESSES DE SENN. — PLANTES SACRÉES. — L'OEUF DE SERPENT. — CHUTE DU DRUIDISME

Le druidisme, sur le fond duquel on a bâti tant de systèmes, avait ses racines profondes en Orient, d'où il avait été apporté, ainsi que nous l'avons dit, par les Kymris, dans leurs migrations vers l'Occident. Hu le Puissant, le même vraisemblablement que l'Heusus ou Æsus des auteurs latins, à une époque qu'on ne peut préciser, en avait été le fondateur. Mais cette institution religieuse se conserva-t-elle longtemps sans altération ? N'y eut-il point intrusion de nouveaux dieux, mélange de croyances étrangères, oblitération des croyances anciennes? Il y eut de tout cela sans doute, car il est de l'essence des institutions humaines de se modifier, de varier, de disparaître même, et d'être remplacées par d'autres, qui ne sont pas moins éphémères.

Sans doute les faits historiques et le caractère des personnages des antiques traditions pouvaient rester purs et vrais, mais la foi, mais les mœurs ne restèrent pas toujours ce qu'elles devaient être, et avec leur altération se manifesta celle des notions traditionnelles. Les croyances elles-mêmes, bien que transmises par des canaux plus intimes, formant comme un dépôt plus particulièrement sacré et providentiellement maintenu au fond des cœurs, les croyances finirent par perdre dans leur expression extérieure le caractère d'unité, qui jusque-là leur avait été propre. La vérité pouvait seule maintenir en faisceau les intelligences des enfants d'Adam ; l'erreur, introduite par les passions, les opposa les unes aux autres sur une multitude de points.

Quelles furent primitivement les influences du mazdéisme de la Perse sur le culte et la religion fondés ou réformés par le chef conducteur des fils de Gomer ? Quelles furent ultérieurement celles des Phéniciens et des Chaldéens dans leur contact avec ces tribus nomades en Syrie et dans l'Asie Mineure, et plus tard encore, à l'époque où les navigateurs tyriens, franchissant les colonnes d'Hercule, s'aventurèrent sur le grand Océan et vinrent chercher les métaux précieux en Gaule, en Irlande, dans la presqu'île de Cornwal (Angleterre), et dans les îles Cassitérides ou Sorlingues, terres environnées, dès la plus haute antiquité, d'un caractère sacré qui rappelle celui de la Samothrace ? Autant de problèmes historiques sur lesquels on a disserté, mais qui ne sont point encore résolus.

D'un autre côté, la religion des Gaëls ou Galls, plus anciennement établis dans l'ouest de l'Europe et particulièrement dans la Grande-Bretagne, dans les Gaules, l'Italie, l'Espagne, présentait-elle des différences essentielles avec celles des Kymris ? En quoi consistaient ces différences ? Qu'était-il resté de commun entre les institution ou les croyances de ces deux races sœurs ? Combien s'était-il écoulé de siècles entre la première occupation des Gaëls et l'arrivée des druides dans l'Occident? Et si les druides appartiennent originairement et, comme tout l'indique, exclusivement à la branche kymrique, comment retrouvons-nous cet ordre sacerdotal dans toutes les Gaules et chez les Bretons insulaires, aussi bien chez les Gaëls que chez les Kymris, leurs conquérants? Quelles ont été les phases de la lutte entre les deux peuples? Les Gaëls ont-ils été en partie exterminés, ou réduits en esclavage, ou violemment convertis à la religion nouvelle? Ou bien doit-on reconnaître des affinités entre les cultes et les traditions des deux races, lesquelles auraient permis des rapprochements, des concessions mutuelles, et par suite une acceptation du nouvel organisme religieux par les indigènes? Les auteurs grecs et romains, les monuments et les traditions sont à peu près muets sur ces questions.

Aucun monument écrit ne nous est parvenu sur l'ensemble du culte druidique, et nous en sommes réduits à un petit nombre de renseignements isolés, souvent incohérents ou contradictoires. Ceux qui nous les transmettent sont, ou mal informés et ne parlent que par ouï-dire, ou bien il n'ont qu'une connaissance imparfaite ou erronée des idées religieuses et de la civilisation des peuples, ou bien encore ils altèrent sciemment la vérité, les Latins surtout, et parmi ceux-ci César en première ligne[1].

---

[1] Il était défendu aux Gaulois de s'ouvrir à des étrangers sur le sujet de la religion, et de répandre dans le public les instructions qu'ils avaient reçues des druides. — César, VI, 14. — Il n'y a donc pas lieu d'être surpris que l'auteur des *Commentaires* ait été lui-même très incomplètement instruit des croyances et des rites druidiques.

Quoi qu'il en soit, nous aidant des documents entre lesquels il y a le plus d'accord, et des nombreuses inscriptions découvertes en différents temps, nous donnerons la liste des divinités dites *Gauloises*, qui ne sont au fond autre chose que des appellations attributives d'une seule et unique divinité ou du Dieu suprême.

Dis ou Tis dérive de *Diu*, *Dew*, jour, lumière céleste, synonyme du *Zeus* des Grecs, du *Dies* et du *Deus* des Latins, la grande lumière, le premier et le souverain Être.

Teuthtatès ou Tut-tat, *teuth*, nations, hommes; *tit* ou *tid*, père, *tès* ou *ès*, en composition, pour *Tis* ou *Dis*, dieu, c'est-à-dire Dieu, père des hommes ou des peuples. Les Gaulois de la Narbonnaise, adoucissant les sons, se disaient *Teut-Sah* pour *Teuth-tit*, c'est-à-dire les enfants du Père. De là *Tectosages*, nom que portaient ces peuples[1].

Les Gaulois reconnaissaient en outre une foule de génies, dont ils peuplaient les lacs, les rivières, les fontaines, les bois, les vallées, les montagnes, les nuages mêmes. Ceux des druides qui, lors de la persécution sous Auguste, acceptèrent par peur ou par calcul intéressé les innovations des vainqueurs, trouvèrent dans le dogme des génies un prétexte spécieux pour suivre l'exemple de ce que pratiquèrent les conquérants du pays ; ils créèrent de nouvelles divinités, tantôt en déifiant quelques-uns de leurs génies principaux, tantôt en faisant l'apothéose de certaines villes. De là les dieux *Pennin* (les Apennins), *Vogèse* (les Vosges),

---

[1] Teuthtatès chez les Celtes des Gaules, comme Hu chez ceux des îles Britanniques, portait des ailes aux épaules, rappelant par ce symbole l'Esprit créateur planant sur les eaux primordiales. Il portait la couronne de l'empire universel et la barbe du plus ancien des êtres.

Circius (prononcez Kirkius, le vent Kirck ou du sud-ouest); les déesses *Arduinna* (forêt des Ardennes), *Nemausa* (Nîmes), etc. Leurs noms et leurs images figurèrent alors dans les temples avec les anciennes divinités gauloises et celles de la mythologie romaine. La coexistence de ces deux systèmes de druidisme n'ayant pas été distinguée, il en est résulté pour la religion des Gaulois une grande confusion.

La croyance aux génies, aux esprits supérieurs, mais de différents ordres, répandus dans la nature, est universelle, et appartient à tous les peuples de l'antiquité, civilisés ou barbares. Ouvrons les livres de l'Inde :

« L'Éternel, dans la contemplation de sa propre existence, résolut de partager sa gloire avec des êtres capables de goûter sa béatitude. Ces êtres n'existaient point encore. L'Éternel voulut, et ils existèrent. Il les forma capables de perfection, mais avec le pouvoir de la perdre, l'un et l'autre dépendant de leur volonté... L'Éternel partagea les *Devatas* (les dieux secondaires) en différentes catégories ; il établit un chef sur chacune. Tous ensemble ils entouraient le trône de l'Éternel, selon leur classe ; ils chantaient des hymnes de louange et d'adoration au Créateur, des chants d'obéissance aux personnes de la Trimourti.

Puis le livre sacré raconte la défection d'une partie de ces esprits célestes, qui sont précipités dans les ténèbres.

On remplirait des volumes entiers avec les seuls passages des auteurs anciens, poètes, historiens, philosophes, poligraphes, Indiens, Persans, Grecs, Latins, etc., qui démontrent l'universalité de ces croyances, un des dogmes du christianisme. Bornons-nous à constater que les Celtes, venus de l'Orient, avaient apporté en Europe la croyance aux esprits ou intelligences supérieures à l'homme, et chargées de présider aux éléments et aux différents districts de la nature. Citons le savant Pelloutier, qui avait fait une étude spéciale de tout ce qui tient à la race celtique :

« Le culte que ces peuples rendaient aux éléments et à toutes les parties du monde visible était fondé sur la persuasion qu'il résidait dans l'air, dans le feu, dans l'eau, et dans tous les corps que nous regardons comme inanimés, des *intelligences* qui avaient une assez grande supériorité sur l'homme, tant par les lumières que par la puissance dont elles étaient douées pour mériter un service religieux de leur part[1]. »

Abordons maintenant des questions d'un autre ordre.

On est accoutumé à entendre appeler monuments *druidiques* les dolmens, les menhirs, les kroummleac'hs, les tumulus, si communs dans l'ouest et le nord de l'Europe. Nous avons déjà plus d'une fois laissé entrevoir l'opinion qui fait remonter l'origine de ces monuments à une époque bien antérieure à l'introduction du druidisme dans les Gaules. Jamais, comme on sait, il n'est question, dans les auteurs

---

[1] Le culte des génies ou des esprits, dieux secondaires qui, selon les peuples celtes, s'unissaient aux objets de la nature, donna naissance chez les Romains à l'art des augures et des aruspices. Dès lors que l'on supposa des génies unis aux oiseaux, il n'y eut qu'un pas à faire pour regarder leurs divers mouvements comme des manifestations et des avertissements divins. De là aussi les épreuves par l'eau et par le feu qui ont subsisté si longtemps parmi nous. On croyait que les intelligences unies à ces deux éléments devaient infailliblement découvrir la vérité ; et des chrétiens qui continuèrent les pratiques des païens attribuèrent à Dieu cette découverte. Enfin c'est encore à la théologie celtique qu'il faut rapporter l'origine cabalistique des sylphes, des ondins, des elfes, des gnomes, qui peuplaient l'air, la terre et les eaux.

anciens, de l'érection de quelque monument de ce genre dans la Bretagne insulaire, dans les Gaules ou ailleurs, ni de quelques cérémonies accomplies au milieu de ces monuments.

« Du silence complet des auteurs anciens, qui cependant ont accordé quelque attention aux doctrines des prêtres gaulois, on pourrait inférer que ces monuments étaient préexistants à la religion des druides. En effet, on nous parle de temples gaulois, de statues de dieux gaulois, de grands simulacres de divinité façonnés par les druides ; nulle part il n'est question de pierres levées. On peut se demander même si les constructions attribuées aux druides ne sont pas trop grossières pour qu'on puisse les attribuer à une époque où l'art était assez avancé pour produire des statues et des temples. Il me semble qu'entre l'érection d'une pierre brute et la fabrication d'une idole, quelque barbare qu'elle soit, il y a un degré immense à franchir dans l'échelle de la civilisation. »

César décrit les funérailles des Gaulois, qu'il dit *magnifiques et somptueuses* à cause de la pompe qu'on y déployait et des objets précieux qu'on jetait dans le bûcher, mais nulle part il ne parle d'érection de monuments funèbres.

Les rites druidiques ne paraissent avoir aucun rapport avec ces pierres mystérieuses[1].

---

[1] Dans une notice sur la *Grotte des Fées* ou dolmen qu'on voit dans la commune de Mettray, près Tours, M. Van Delaunay fait la réflexion suivante :

« Quand les druides ont été les maîtres de Zoroastre et de Pythagore, ils étaient déjà loin de cette simplicité primitive que nous retrace le monument religieux conservé près la ville de Tours. » Pour concilier en effet cette simplicité d'architecture et de monuments avec le savoir profond qu'on accorde aux druides on est obligé d'admettre, dans leur école, un progrès extraordinaire que rien ne démontre et ne permet même de supposer. Il n'y a d'explication possible

A l'époque où vivaient les druides, déjà l'origine de ces mégalithes se perdait dans la nuit des siècles; et cette origine, les Gaulois eux-mêmes l'ignoraient absolument au temps de la conquête de leur pays par les Romains. Pourtant, si l'érection de ces monuments si extraordinaires avait été l'œuvre de leurs pères; si ceux-ci, par un concours immense qui fut nécessaire pour remuer, transporter, soulever ces masses gigantesques, avaient dressé et établi dans un équilibre éternel ces rocs dont le volume nous jette dans la stupéfaction, croit-on que ce triomphe de la force vivante sur la force inerte, que cette puissance de l'union, que ces premiers-nés des monuments humains, non moins étonnants et beaucoup plus solides que ceux qui leur succédèrent, monuments d'ailleurs consacrés à la mémoire de leurs ancêtres et hommages solennels à la Divinité, deux choses impérissables dans l'esprit des générations humaines, peut-on croire, dis-je, que tout cela n'eût pas frappé ces peuples de surprise et ne leur eût pas laissé un long souvenir?

Ce souvenir, comment l'auraient-ils perdu? Si les auteurs de ces monuments, devenus l'objet de leurs hommages et souvent de leur culte, eussent été leurs aïeux, la tradition leur en fut restée. Les peuples oublient leur origine, mais non celle des monuments qu'ils ont érigés; car, de génération en génération, ces monuments la leur rappellent, et de père en fils ils se disent : Nos aïeux les ont faits; et ils ne cessent de le dire que lorsque l'œuvre

---

qu'en admettant deux époques fort distantes sans doute par les mœurs et le degré de civilisation.

Toutefois nous pensons que le dolmen, devant être recouvert d'un monticule, ne nécessitait aucun ornement architectural.

a disparu ou qu'ils ont disparu eux-mêmes. Or, s'il est une chose évidente, c'est que les Gaulois du temps de César, comme les générations actuelles de l'Armorique, ou du pays de Galles, en Angleterre, les Kymris les plus purs en ont oublié jusqu'au nom véritable.

On a aussi même remarqué que les monuments celtiques sont beaucoup moins nombreux et moins considérables dans les îles Britanniques que dans notre Armorique, et pourtant il semble que c'est le contraire qui devrait avoir lieu, puisque, d'après César, ce ne serait point de la péninsule gauloise, mais de la Bretagne insulaire que le culte druidique tirerait son origine [1]. On a encore observé qu'on ne trouve les druides établis dans les Gaules ni à l'époque où les Gaulois et les Germains [2] ne formaient qu'un même peuple sous le nom de Celtes, ni au temps de la grande émigration gauloise qui, 600 ans avant l'ère chrétienne, fonda la Gaule cisalpine et la Galatie, ni même à l'époque des guerres d'Annibal. D'un autre côté, on ne signale aucune trace du culte druidique chez les peuples

---

[1] On croit, dit César, que la doctrine des druides a pris naissance dans la Bretagne, d'où elle fut transportée en Gaule, et aujourd'hui ceux qui désirent en avoir une connaissance plus approfondie se rendent encore dans cette île pour s'y instruire (*De Bell. Gall.*, l. vi, n° 13).

Nous sommes donc fondés à supposer que le druidisme fut établi dans la péninsule gauloise sinon avant de l'être dans l'île de Bretagne, au moins à la même époque. Mais il est possible que l'institution se soit maintenue plus long-temps florissante dans la Grande-Bretagne que dans les Gaules, où elle devait être en décadence à l'époque de César.

M. Am. Thierry trouve le caractère sauvage et sombre de l'Armorique en harmonie avec les croyances religieuses de la Gaule et c'est pour cela, dit-il, que les druides l'avaient choisie pour la célébration de quelques-uns de leurs plus secrets mystères. — *Hist. des Gaulois*, l. iv, c. 1.

[2] « Les mœurs des Germains sont très différentes de celles des Gaulois ; ils n'ont ni druides qui président à la religion, ni sacrifices. » — César, *De Bell. Gall.*, l. vi, 21.

septentrionaux de race indo-germanique ni chez les Celtibères d'Espagne ; et pourtant il existe dans les contrées où ils se sont fixés un grand nombre de monuments analogues à ceux qui couvrent nos rivages[1].

Mais ce n'est pas seulement des monuments celtiques du Nord qu'on doit dire qu'ils n'ont rien de commun avec le druidisme; si on se rappelle la géographie que nous avons tracée de ces sortes de monuments, on conviendra qu'on ne peut admettre que ce soit sous le règne des druides que ces monuments ont été érigés ; autrement il faudrait dire que le druidisme a été la religion à peu près universelle, puisque ces monuments se rencontrent dans les cinq parties du monde; tandis que nous voyons le druidisme confiné dans les Gaules et la Grande-Bretagne à une époque relativement récente.

D'après ces considérations et ces faits, nous croyons être suffisamment autorisé à croire que ces dolmens, ces menhirs, ces kroummlea'chs et autres monuments de cette nature, ont été jusqu'ici nommés à tort druidiques. A l'époque de l'invasion des Kymris, « les Gaëls primitifs, dit M. H. Martin, n'avaient pas encore l'institution druidique;

---

[1] M. de Caumont fait aussi remonter les monuments celtiques à une époque antérieure à la conquête de la Gaule par les Romains. — Voy. son *Cours d'Antiq. monum.*, t. I.

On ne peut raisonnablement croire, dit M. Boucher de Perthes, que ces dolmens, que ces pierres levées que nous avons appelées druidiques, étaient l'œuvre des druides ou des peuples qui suivaient leur culte; il est certain que les Gaulois, puis les Romains, avaient trouvé ces monuments existants, et qu'en les honorant ils ne faisaient que suivre une coutume dont ils ignoraient l'origine. Admettons donc, ajoute-t-il, comme vraisemblable que ces pierres levées qu'on trouve non-seulement dans toute l'Europe, mais en Afrique, en Asie, jusque dans l'Inde et en Chine, sont les plus vieux du monde. *Op. cit.*, t. II, p. 411.

les Celtibères et les autres Gaulois d'Espagne, leurs descendants, ne paraissent pas l'avoir jamais adoptée. »

Nous conclurons que ces pierres et les dispositions qu'on leur donnait étaient une tradition des Noachides, conservée par les Gaëls ou Celtes, premiers habitants de l'occident et du nord de l'Europe.

Disons quelques mots de la hiérarchie druidique.

Les druides (du celto-gallois *derwid*, sage) se nommaient aussi en grec et en latin *Saronides*, *Semnothées*, *Semmi*, qui signifient, *contemplateurs*, *vénérables*. Les druides proprement dits étaient dépositaires des dogmes traditionnels et secrets de la religion et de la science sacrée; ils les interprétaient et les transmettaient oralement aux initiés et à ceux qui se destinaient au sacerdoce. On pense toutefois qu'ils avaient des livres écrits, qu'ils communiquaient à leurs élèves, comme on le pratiquait dans les *Coheniatims* ou collèges de prêtres de l'ancienne Égypte. Les collèges de la Gaule étaient célèbres, et la jeunesse du pays s'empressait d'accourir pour y puiser tous les genres d'enseignements. « Les druides, dit César, discutent sur le mouvement des astres, la grandeur de l'univers, la nature des choses, le pouvoir et l'influence des dieux immortels, et transmettent ces doctrines à la jeunesse. »

Le temps du noviciat, qui durait souvent vingt ans, s'écoulait dans la solitude, au fond des cavernes et des immenses forêts qui couvraient alors une partie des Gaules. Là, des solitaires se livraient, loin de tous les regards, aux rigueurs de la vie ascétique. Les légendaires et les hagiographes des deux Bretagnes nous apprennent que ce fut de ces solitudes que sortit une grande partie des saints personnages qui peuplèrent, au IV⁰ et au V⁰ siècle, les monastères de la Grande-Bretagne et de l'Armorique[1]. Les druides sortaient de la masse du peuple par une voie d'initiation scientifique. Là était le secret de leur puissance, puissance si énorme, qu'un orateur chrétien n'a pas craint de dire que les rois de la Gaule, au milieu des pompes de la grandeur, n'étaient que *les ministres et les serviteurs de leurs prêtres*.

« Les druides, d'un esprit plus élevé, liés, comme le veut Pythagore, par les liens d'une association fraternelle, s'élancèrent vers les connaissances les plus sublimes, les mystères les plus cachés de la nature ; et regardant avec indifférence les choses humaines, proclamèrent l'immortalité de l'âme. » Horace définit la Gaule : « La terre où l'on n'éprouve point la crainte de la mort. »

« Les druides n'ont laissé transpirer dans le vulgaire qu'un seul de leurs dogmes, afin d'exciter mieux la valeur guerrière : ce dogme est celui de l'immortalité des âmes et d'une autre vie au delà du tombeau. »

La destinée de l'âme au sortir du corps, dans le système des druides, est une question qui a donné lieu à une controverse qui ne paraît pas avoir abouti jusqu'ici à un résultat bien satisfaisant. Admettaient-ils une métempsycose, ou bien une métensomatose ; c'est-à-dire, admettaient-ils le passage des âmes dans de nouveaux corps ? c'est la métempsycose ; ou simplement imaginaient-ils un pays inconnu où les âmes se rendaient après la mort ? Croyaient-ils à ce pays des âmes, dont plusieurs nations sauvages

---
[1] Césaire, l. IV, in Ezech.

supposent aujourd'hui la réalité ? C'est ce qu'on appelle métensomatose.

Voici, croyons-nous, ce qu'on peut dire de plus précis à cet égard. Les druides étaient d'abord persuadés que l'âme survit au corps, qu'elle est immortelle. Ils admettaient après cette vie des peines et des récompenses qui devaient être le prix de la conduite qu'on avait tenue dans ce monde. Après ce temps, les morts revenaient à la vie, ou les âmes ranimaient leur corps une seconde fois. Cette seconde vie était immortelle ; les hommes qui la reprenaient ne mouraient plus pour revivre encore. Ces dogmes paraissent avoir été communs aux Gaulois et aux Germains. Les Hindous admettent aussi la métensomatose.

Les savants et les prêtres auxquels étaient confiés les soins du culte et de l'enseignement étaient désignés collectivement sous le nom de *Patères*. On donna d'abord à l'archidruide ou prince des prêtres le nom de *Dio* ou Dieu, parce qu'on le regardait comme le chef religieux auquel était échue la mission de représenter la puissance divine. Chez les Pélasges et chez les Celtes, les prêtres étaient hiéronymes, c'est-à-dire qu'ils portaient les noms des dieux et étaient identifiés avec eux. De là les qualifications de Dio-patères, Dio-palaïques, Dio-ovales, Dio-curètes, Dio-cérès, Dio-nysius, etc., qui se résumaient toutes dans celles de dieux titaniques. Les *Celtes* étaient les Titans ou les fils des Titans. Écoutez les chants des premiers Hellènes :

« Titans, race la plus illustre, née du ciel et de la terre,

« Aïeux les plus anciens de nos pères,

« Vous qui, au pays où sont les domaines tartaréens, habitez parmi eux, dans les cavernes, d'épouvantables demeures ;

« Principe régénérateur de tout ce qui respire et souffre dans l'air, dans la mer et sur la terre où naissent les fruits ;

« Car toute source de vie qui se répand sur le monde est en vous. »

Plus tard, par suite d'invasions et de guerres redoutables avec les Celtes-Gaulois, les Grecs ne se rappelèrent plus que leur ressentiment, et ne regardèrent plus ces races titaniques que comme des races impies qui avaient voulu détrôner les dieux et renverser leurs temples. Nous avons déjà vu que les anciens Gaulois et tous les peuples de la haute antiquité avaient en horreur les dieux-statues et les temples dans lesquels on emprisonnait ces dieux.

Le costume ordinaire des druides était celui des nobles : tunique blanche à manches courtes, rayée de bandes pourpres, descendant au-dessous du genou ; la braie (bracca) ou large haut-de-chausses[1] ; le *sagum*, manteau en tissu de lin ou de laine, suivant la saison, qu'ils avaient seuls le droit de porter semé de fleurs. Le sagum,

---

[1] Strabon, l. iv. On voit que les larges braies (*Bragou*, armoric.) des Bretons de nos jours sont un vêtement fort ancien. Nous les trouvons sur les anciens monuments qui nous restent des Grecs, des Troyens, des Phrygiens et des habitants de la Tauride, etc. « Les habitants de cette contrée (la Scythie Pontique), dit Ovide, portent la braie persique. »

Les grands lits-coffres des Bretons sont ceux des anciens Romains, comme on le voit sur des marbres antiques.

Les villageois, en Bretagne, se nourrissent de *pouls*. Dans les Côtes-du-Nord on appelle encore aujourd'hui d'un nom celtique, *pouls* ou *peus*, la bouillie d'avoine. Valère Maxime, parlant des anciennes mœurs des Romains, dit que « les plus grands hommes ne rougissaient pas de prendre leur repas en public, parce que leur sobriété était si rigide qu'ils mangeaient plus souvent de la bouillie que du pain. » *Lib.* iii, c. 5.

ouvert par devant, s'agrafait sous le menton sans couvrir toutefois le collier d'or émaillé qu'ils portaient ainsi que les personnages de haute distinction[1].

Dans l'exercice des fonctions sacerdotales, ils revêtaient une tunique blanche brochée d'or et de soie de diverses couleurs ; à la place du sagum ils portaient une longue robe blanche brochée comme la tunique, serrée avec une ceinture en cuir doré. Un bonnet de soie blanche peu élevé et oblong leur servait de coiffure.

Les grands pontifes se distinguaient par une houppe qui ornait ce bonnet, d'où pendaient aussi par derrière deux bandes d'étoffe pourpre, ce qui rappelle la mitre des Perses et celle de nos évêques. Leur sceptre était moins long que celui de l'archidruide.

Après les druides venaient les *ovydd* (ovaïdd, prononcez *ovaïzz*), chez les Kymris ; *baïdh* (prononcez *baïzz*) chez les Gaëls ; *ovates, eubates, eubages*, chez les Grecs et les Latins.

Ils étaient chargés de la partie matérielle du culte et de la célébration des sacrifices[2]. Ils étudiaient les sciences naturelles appliquées à la religion la divination par le vol des oiseaux et par les entrailles des victimes. Ils étaient

---

[1] Virgatis lucent sagulis ; tum lactea colla
  Auro innectuntur...
  « On les distinguait à leurs sales rayées et à la blancheur de leurs cous parés de colliers d'or. »
  Virg. Æneid., l. viii, 660.

[2] Les Gaulois ont-ils sacrifié des victimes humaines ? Il paraît que, dans les calamités publiques, ils dévouaient un homme qui s'offrait volontairement. On le nourrissait avec soin pendant une année, à l'expiration de laquelle on l'ornait des insignes divins ; on le couronnait de fleurs, on lui faisait parcourir la ville, puis on l'immolait avec des cérémonies qui n'ont pas été décrites.

dans la société, les interprètes de la volonté du corps puissant qu'ils y représentaient. Aucun acte religieux ou civil ne pouvait s'accomplir sans leur ministère. Ils étaient prêtres, et en cette qualité ils avaient dans l'exercice de leurs fonctions, le front ceint d'une couronne de feuilles de chêne [1].

Ces deux classes de prêtres portaient dans la main droite une baguette blanche de saule ou de coudrier, quelquefois une branche de verveine [2]. Le costume des eubages différait peu de celui des druides de la première classe.

Les bardes (en gaélique et en armoricain *Barz*, poète) étaient vêtus d'étoffes brunes, et portaient un sagum auquel adhérait un capuchon pareil à la cape des Basques. Ils chantaient sur l'instrument national des Celtes, la brote ou chélys (*crwdd*, pron. *crouz*, en kymrique), les exploits des héros et stigmatisaient les lâches [3]. Ils étaient historiens poètes, musiciens et chantres. C'étaient les annales vivantes de la nation, les hérauts pour déclarer la guerre, les ambassadeurs pour traiter la paix, professeurs dans les

---

[1] « Point de sacrifices sans les rameaux de chêne. » PLINE, XVI, 45.

[2] Les druides, en grande cérémonie, coupaient en hiver le gui de chêne, et cueillaient la verveine au printemps. Salut à ces symboles d'une haute antiquité!... Les monuments des vieux Celtes ont perdu leur signification et sont oubliés ou détruits. Les forêts qui leur servaient de temples et de forteresses ont changé de face, ou n'existent plus. La verveine seule refleurit tous les ans. Chez les anciens les fleurs étaient consacrées aux dieux; c'étaient des symboles dont chacun entendait le langage : les dieux se sont évanouis, mais les hiéroglyphes qui les rappelaient à la mémoire et à la vénération des peuples dureront encore quand les pyramides ne seront plus.

Chez les anciens Romains, des actes religieux étaient nécessaires pour rendre un traité valable, et la verveine y jouait le rôle principal.

[3] Bardi cum dulcibus lyræ modulis cantabant. AMM. MARCELLIN. La brote était une espèce de viole carrée à quatre cordes. La harpe se nommait *telyn*...

On croit les bardes antérieurs aux druides; le nom remonte à la plus haute antiquité, et on le retrouve même dans les langues de l'Inde.

collèges, instituteurs primaires dans les familles et les villages. Toutes leurs compositions, poëmes, chants ou récits, étaient soumis à l'examen des druides de la première classe avant d'être produits en public [1].

Outre cette hiérarchie de prêtres, il y en avait une autre de druidesses, qui remplissaient un rôle important et avaient leurs collèges comme les druides. Chez les Kymris-Gallois elles étaient prêtresses de Kéd ou Koridwen, et désignées sous la dénomination de *Sennes*, c'est-à-dire *vénérables*. Un de leurs sanctuaires les plus célèbres dans l'Armorique était l'île de *Senn*, aujourd'hui *Sein* (Finistère). Ces vierges, fameuses dans l'Occident, rendaient des oracles et se livraient à des opérations magiques qu'elles ne pouvaient accomplir que la nuit, à la clarté de la lune, ou à la lumière des torches. Dans la hiérarchie de toutes les nations celtiques, ces femmes, investies d'une sorte de sacerdoce, à la fois prêtresses et prophétesses, renfermées dans une tour solitaire, comme Véleda chez les Germains, ou réunies en congrégations sur quelque îlot perdu dans l'océan, exerçaient sur l'imagination des peuples un prestige extraordinaire. Elles se couronnaient de verveine, l'herbe de l'inspiration, de la prophétie, de la *double vue*, comme on l'appelle encore dans le nord de la France.

« Les Celtes avaient une grande vénération pour les

---

[1] L'enseignement des druides arrivait au peuple par les chants des bardes, dont l'institution dut contribuer beaucoup à la culture des esprits. La richesse des idiomes celtiques est remarquable; en gaélique, il y a cinq ou six mots pour signifier Dieu, douze pour exprimer l'idée d'âme ou d'esprit. Synonimie variée pour les animaux domestiques, pour tout ce qui concerne l'agriculture. Quinze mots pour dire *terre*, et plus de cinquante pour signifier *éminence* ou *monticule*. Il y a cinquante mille mots en kymrique; une telle langue suppose une grande culture littéraire.

vierges fatidiques; leur perpétuelle virginité les faisait regarder comme les génies du Dieu inconnu, plutôt que comme des créatures humaines; elles savaient le présent, le passé, l'avenir; tous les mystères de la nature, tous les secrets de la Divinité, toutes les merveilles de l'univers. Souvent elles s'enfuyaient sur quelques écueils de l'Océan, d'où elles jetaient, solitaires des mers, leurs prophétiques paroles aux matelots à genoux, plus près du ciel, plus loin du monde, suspendus dans l'infini [1]. » (Fig. 45.)

Le nautonier qui durant les nuits d'orage rasait les bords escarpés de ces écueils, éternellement battus des flots en furie, entrevoyait sur la pointe des rocs comme une danse de fantômes aux longues chevelures, agitant des torches enflammées dont la lueur se confondait avec les feux de l'éclair. C'étaient les druidesses qui accomplissaient

---

[1] « Ces neuf prêtresses semblent, dans la croyance populaire, la plus grande puissance de la Gaule. » (H. Martin, 1, 64.) Cette puissance des prêtresses vierges de la Gaule, dit M. d'Arbois de Jubainville, devrait apprendre à certains novateurs modernes, par l'exemple de leurs ancêtres, ce que l'on doit penser de l'esprit de sacrifice, et si le renoncement volontaire est un titre au mépris.

Écoutons parler de ces vierges fameuses un poète charmant que nous aimons à citer :

  Fille de Kéd la Blanche, est-il vrai qu'autrefois,
  Moins sourde, la nature entendait votre voix?
  Dans leurs bassins troublés bouillonnaient les fontaines,
  De la lune tombait le mystique cresson,
  La pierre vacillait, le grès rendait un son ;
  Secouant à deux mains vos robes dénouées,
  Vous en faisiez sortir les vents et les nuées,
  Ou votre amour livrait aux marins de l'Arvor
  Les ouragans captifs aux nœuds d'un lacet d'or...

L'île de Sein, retraite océanique des neuf vierges prêtresses, a depuis longtemps perdu ses prestiges. Les sauvages *démons de la mer*, ainsi qu'on nommait encore ses habitants au siècle dernier, ont été transformés par le célèbre missionnaire breton, Michel le Nobletz, et depuis son passage cette île n'est plus célèbre que par ses vertus : ce qui a fait dire d'elle que : « elle est aussi exempte de vices qu'elle l'est naturellement de bêtes venimeuses. »

FIGURE 15. — Les Vierges prophétesses de Sein accomplissant leurs rites nocturnes.

loin du regard des hommes leurs rites nocturnes et redoutables.

Les prêtresses vierges, chez les Gaulois, étaient chargées du soin du feu sacré, qu'on renouvelait à chaque solstice d'hiver. On sait que le feu, élément actif, insaisissable, incompréhensible, fut de toute antiquité, comme le soleil, l'emblème de la Divinité. Son culte commence avec Nemrod dans la ville d'Ur ou du *feu*. Les Aryans de l'Iran, les Mèdes et les Perses, avaient pour lui un respect religieux; il leur rappelait le feu primitif, le dieu du feu et de la lumière, Ormuzd; mais ils ne l'adoraient point. Chez les Aryans de l'Indus, le feu du sacrifice est un dieu, Agni; le triangle est son symbole. Les Sarmates adoraient le feu. Ils se sont confondus avec les peuples Slaves et Celtes, dont la religion était solaire comme celle des Aryans. Il y avait au Pérou comme à Rome des vestales chargées d'entretenir des feux perpétuels, emblème de la divinité protectrice de la cité, que l'on y croyait présente. En Irlande, un feu sacré était allumé sur la montagne d'Ouisnéach, au centre de l'île, et la résidence des prêtres. Ainsi, dans le culte, dans les croyances, dans les pratiques religieuses, chez chaque peuple, au nord comme au midi, à l'occident comme à l'orient, rien d'isolé; partout un fonds commun que chaque nation conserve et transmet comme un héritage divin, germes féconds de vie et de civilisation, qui empêchent l'humanité de se flétrir dans l'abjection de la matière, et portent toujours au-dessus de ses abaissements et de ces misères des rameaux verdoyants, des fleurs célestes, qui s'épanouirent sur son berceau, et composent toujours sa noble couronne pendant son laborieux pèlerinage.

Le souvenir des antiques prêtresses de la Gaule s'est confondu, dans les siècles postérieurs, avec celui des fées, que l'on retrouve dans les traditions de tous les peuples d'Occident [1].

Quant au peuple, lors de la chute du druidisme il ne put se persuader qu'il était privé du concours de ces êtres surhumains; il leur prêta une existence idéale. Il crut voir les fées dans les ombres des forêts, dans les fantômes de la nuit; il s'imagina entendre leurs voix dans le murmure des arbres, dans le souffle du vent, dans les sons inconnus qui parvenaient à son oreille. On publia une foule d'histoires, d'apparitions, de faits prodigieux, de prédictions sur la destinée future des individus; on attribua aux fées tous les phénomènes dont on ne pouvait se rendre compte, les événements extraordinaires, la bonne fortune des uns et le malheur des autres.

Les anciens Pélasges avaient aussi l'usage d'interroger les oracles de femmes consacrées, de prophétesses semblables aux *Alrunes* du Nord, qui exerçaient sur leur esprit une domination absolue. Ces devineresses furent les mères des sibylles, qui retinrent des traditions oubliées par les

---

[1] Des travaux et des recherches considérables ont été publiés dans ces derniers temps, en France, en Allemagne, en Angleterre, etc., sur l'origine et le rôle des fées chez les différents peuples et sur les transformations que ces êtres mystérieux ont subies, à différentes époques, suivant les croyances ou les religions qui se sont succédé. On est arrivé à un résultat qui peut se formuler ainsi : La croyance aux fées sous des noms qui varient suivant les temps, les civilisations et les peuples, se perd dans la nuit des âges, elle paraît commune à toutes les races. Lors de la chute du druidisme dans l'Occident leur souvenir se confondit avec celui des druidesses, et les légendes féeriques sont devenues de véritables mythes faisant allusion à la destruction du paganisme par le christianisme.

peuples, et qui les répétaient depuis la Scandinavie jusqu'en Chaldée. Les Aborigènes de la Grèce et de l'Italie étaient de souche celtique; il ne faut pas nous étonner de rencontrer chez eux des corrélations de mœurs et d'usages avec les Celtes-Kymris ou les Galls. Même amour du luxe : les Sabins de la Rome primitive se paraient de bracelets et d'anneaux d'or, à la manière des Arvernes et des Boïens de Vercingétorix.

Les anciens Scandinaves avaient des prophétesses qu'ils appelaient *volur* ou *volvur*, d'une signification voisine de celle du mot français *fol*, ainsi nommées sans doute parce qu'au moment où elles prononçaient des oracles elles étaient en proie à une sorte d'exaltation, comme la Pythie ou prêtresse d'Apollon.

C'était une persuasion générale dans le Nord qu'il y avait dans les femmes-vierges quelque chose de divin et de prophétique. Cette idée donna lieu à l'institution des *femmes-de-vision*, laquelle se maintint surtout parmi ceux des Germains qui restèrent en contact avec les peuples celtes. Parmi ces prophétesses germaines, Veleda est célèbre. Cette fille, de la nation des Bructères, jouissait au loin d'une grande autorité; elle vit croître son influence pour avoir prédit les succès des Germains et la ruine des légions romaines. Mais ce qui prouve que les prophétesses germaines ne faisaient qu'imiter les prophétesses celtes, c'est que Veleda, à l'exemple des druidesses *Namnètes* et *Séniennes*, se dérobait aux regards des hommes et se cachait dans une tour élevée, qui lui servait de retraite. Un de ses parents portait, comme messager de l'oracle, les consullations et les réponses. Cette tour de Veleda rappelle les tours où se renfermaient les prophètes kymro-thraces ; et cet usage paraît avoir été transmis par les druides thraces aux peuples celtes, et par ceux-ci aux tribus germaines.

Le costume des prêtresses de Koridwen consistait en une longue robe noire, à grandes manches, fixée par une ceinture en lames d'airain poli ; leur coiffure était un bonnet blanc en forme de cône tronqué, avec deux bandes qui se rejoignaient sous le menton ; par-dessus elles portaient un grand voile violet.

Nous terminerons par l'explication de quelques symboles employés dans les rites druidiques.

Les Grecs sculptaient sur les tombeaux la rose pour emblème de l'immortalité ; les Celtes cueillaient au printemps, sur le chêne dépouillé de son feuillage, le gui[1], symbole de la vie qui commence à poindre sur l'arbre sacré, regardé comme la figure du monde, et devenu temporairement captif de la mort hivernale. Seule vivante au sein de la dissolution générale, la plante parasite est pour toute la nature comme une promesse de résurrection : ses fleurs

---

[1] C'est le gui *blanc*, le seul qui croisse en Europe, que vénéraient les Celtes Gaulois, particulièrement les individus qui se trouvent sur le chêne, ce qui est assez rare dans le nord de la France, moins rare, dit-on, dans le midi et en Italie. On connaît le cri : *Au gui l'an neuf !* C'est la traduction du vers d'Ovide :

Ad viscum ! viscum ! Druidæ clamare solebant.

L'instrument avec lequel on coupait la plante sacrée était une serpe d'or, elle-même nommée *gui*. — M. ? candolle dit n'avoir jamais rencontré le gui de chêne. Il est certain qu'il serait fort difficile de s'en procurer aujourd'hui dans nos contrées de l'ouest et du nord. L'écorce trop dure du chêne s'oppose à sa germination sur cet arbre.

Pline dit que les druides le regardaient comme envoyé du ciel : *Viscum... è cœlo missum putant.* L. XVI, 44.

Tous les peuples de l'Occident lui attribuaient des propriétés magiques,

jaunes sont groupées par trois, nombre sacré, et la baie blanche qu'elles produisent renferme une semence en forme de cœur, principal organe de la vie. A ces symboles d'immortalité et de rénovation au milieu de l'apparente suspension de la vie, le peuple mêla sans doute ses superstitions, mais par lui-même le symbole druidique reposait sur de nobles idées et de frappantes images qui les exprimaient.

C'était particulièrement au sein des forêts que s'accomplissaient les sacrifices et les rites mystérieux des druides. *Arbor numen habet*, « il y a dans l'arbre, dans la forêt, quelque chose de divin, » dit Silius Italicus. Le chêne surtout était l'arbre consacré chez les peuples occidentaux.

> De feuilles et de glands les branches sont couvertes,
> Amis, chantons le chêne, honneur des forêts vertes :
> Malheur à qui détruit ce géant des grands bois !
> Bretagne, tu n'étais qu'ombrages autrefois.
>
> Songez aux anciens dieux, songez aux anciens prêtres,
> Sous les chênes sacrés sont couchés nos ancêtres ;
> Ouvrez la dure écorce, et vous verrez encor
> La druidesse blonde et sa faucille d'or [1].

Parlant des bois de l'Aventin, Ovide dit de même qu'on ne pouvait y entrer sans s'écrier : *Numen adest*, la Divinité y est présente. Mais pour comprendre cette parole, qui résume la croyance de toute l'antiquité, il faut savoir admirer cette vie puissante et mystérieuse qui sommeille pendant l'hiver, se réveille au printemps, et par les racines monte des entrailles de la terre dans le tronc pour s'épa-

[1] BRIZEUX.

cher dans les branches et les couvrir de feuilles, de fleurs et de fruits. L'impression religieuse que produit la vue d'un arbre colossal s'accroît quand il est associé à une foule d'autres et que l'on pénètre sous leurs épais ombrages. De là ce sentiment de crainte et de respect qui devait remplir l'âme dans les temps antiques chez les Celtes et les Germains, qui y venaient rendre au Dieu suprême et tout-puissant des honneurs pleins à la fois de solennité et de simplicité[1].

Dans les grandes assemblées religieuses les druides distribuaient au peuple les rameaux de gui, et aux guerriers des colliers d'ambre, qu'ils portaient sur eux dans les batailles. Une chaîne d'ambre et d'or artistement travaillée était portée en Grèce, du temps d'Homère, par des navigateurs phéniciens[2]. Ces colliers d'ambre étaient des talismans, qu'on retrouve aujourd'hui dans les tombeaux gaulois.

Les druides réservaient pour les chefs l'œuf rouge du serpent marin, symbole du monde naissant. Dans un bas-relief conservé au musée des Thermes, les druides sont désignés par SENAMB WEILOM, *le sénat de ceux à l'œuf*.

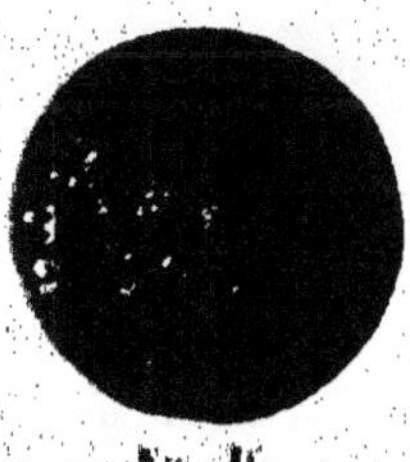

L'œuf a été employé par tous les peuples comme le symbole du chaos ramené à une forme régulière. On le trouve depuis la Scandinavie jusqu'à l'Inde et le Japon, depuis la Grèce jusqu'aux îles Sandwich. Mais quel était matériellement cet objet d'une forme ovoïde

Fig. 16.
Œuf de serpent.

---

[1] Le lieu de réunion des tribus, le centre des affaires, l'église ou sanctuaire druidique, était le *Mearthon*, le milieu sacré, la *Némède, Nimidu*.
[2] *Odyssée*, xv, 459.

que les druides faisaient richement enchâsser et qu'ils vendaient à très haut prix? On pense que c'était une espèce d'échinite ou pétrification d'oursin de mer, commune dans les terrains crétacés. Pline a de tout autres idées sur l'origine de l'œuf de serpent[1]. Les Indiens, les Égyptiens, les Phéniciens, regardaient l'œuf comme le principe de toutes choses, comme le germe de la nature. En Égypte, Phta, le *Verbe* de la théogonie et l'organisateur du monde, le père et l'aïeul de tous les dieux, était sorti de l'œuf produit par Kneph, la lumière première ou le Dieu suprême, de même que Brahma sort de l'œuf de Brahm. Les dames romaines portaient l'œuf dans les processions de Cérès[2]. En Gaule, le symbole de l'œuf forma la secte des Ophites. Chez tous les peuples anciens l'œuf joue un rôle qui partout rappelle l'idée cosmogonique ou la génération du monde, et l'invasion du mal sur la terre.

L'œuf est souvent représenté dans l'antiquité comme le germe du monde, sur lequel la gueule du serpent reste entr'ouverte et qu'il infecte de son venin et de sa bave délétère.

[1] « La considération superstitieuse que portaient les anciens à l'*ovum anguinum*, l'oursin fossile, s'est perpétuée jusqu'à nos jours. Le laboureur, comme le terrassier, quand la charrue ou la pioche met à découvert un oursin, ne manque guère de le ramasser et de l'emporter. Il le montre à sa femme, à ses enfants, en le qualifiant du nom d'*étoile*, il croit qu'il est tombé du ciel, et le conserve sur sa cheminée. Les anciens leur attribuaient une vertu curative, et les achetaient à grand prix. » B. de Plazuez, t. II, p. 378.

[2] L'œuf cosmogonique ou l'œuf de Léda était semé d'étoiles chez les Grecs. Outre le gui, les druides avaient encore un certain nombre d'autres plantes sacrées qui jouaient un rôle dans leurs rites mystérieux; la samole, ou mouron d'eau, en breton *Goulis*, vulnéraire, le sélage et la verveine, la jusquiame, la primevère et le trèfle, servaient, chez les Kymris, à composer le breuvage du savoir universel. Le sélage était une espèce de mousse appelée aussi *herbe d'or* (Pline, L. xiv).

On a constaté chez tous les peuples connus, anciens et modernes, la plus étonnante harmonie entre leurs traditions sacrées et celles de nos Livres Saints. On peut dire qu'il n'y a jamais eu au monde qu'une seule loi, mais elle a été partout voilée de nuages, amassés par les passions et l'ignorance.

« La doctrine prophétique et primordiale qui a préparé le christianisme est donc cette source mystérieuse, sortie de la première société humaine, et qui s'est répandue au loin, s'accommodant aux caractères, à la nature des civilisations diverses, revêtant les formes symbolisées de la nature et du climat départis à chaque peuple. De tous ces ruisseaux sortis de la même source, et partagés entre toutes les nations, les uns se sont perdus sans laisser de traces, les autres aboutissent au christianisme, fleuve immense qui doit absorber toutes les traditions et à qui toutes les races ont été promises. Par ce moyen, les religions tiennent à la vérité par leur origine et par leur fin; leur cours n'est divisé que par des îles que dépasse bientôt le cours des siècles. C'est le christianisme qui permet de rendre compte de leurs détours, d'explorer leurs cours inconnus et de démontrer l'unité qui règne dans l'infinie variété de l'univers religieux[1]. »

Un écrivain français a entrepris de réhabiliter le druidisme[2]; le tableau qu'il en a tracé a paru idéalisé et dépourvu de couleurs locales. Que les Romains aient peu

---

[1] Prosp. Le Blanc, *Les Religions et leur interprétation chrétienne*, t. I, p. 207 : livre plein de vues élevées et d'une science profonde.

[2] J. Reynaud, dans l'*Encyclop. nouvelle*, art. Druidisme.

compris les dogmes de nos ancêtres, c'est ce qu'on ne fait pas difficulté d'admettre, mais c'est un fait aussi sur lequel on ne peut élever aucun doute que, lors de la conquête de César, le culte druidique était en décadence, et l'une des meilleures preuves qu'on en puisse donner peut-être, est la facilité avec laquelle la Gaule devint romaine. La révolution de mœurs qui avait depuis longtemps assimilé la Gaule Cisalpine aux pays latins s'étendit rapidement à l'ouest des Alpes, jusqu'au Rhin, dont elle ne tarda pas à franchir les limites. On vit bientôt partout dans les Gaules des monuments, des statues, des images, de bois, de pierre, de métal, figurant, contre la règle antique, l'animal, la plante, la théogonie même druidique. On voyait les trois principales divinités, formant la trinité gauloise, représentées par trois figures disposées en triangle : au sommet, Esus, accroupi, tenant une corne d'abondance d'où s'échappait un fleuve de richesses ; à sa droite Apollon ; à sa gauche Mercure, le dieu du commerce et des arts. Les druides ou patères étaient proscrits, et se tenaient cachés. Les beaux jours de la religion gauloise étaient depuis longtemps éclipsés ; ses prêtres et ses adeptes semblaient avoir oublié la belle doctrine de *l'amour de Dieu Créateur, souveraine source de vérité et de félicité*[1], qui l'avait tant recommandée autrefois à la vénération des sages et des philosophes qui venaient lui emprunter ses traditions et ses maximes.

M. Reynaud reconnaît lui-même dans le druidisme un vice radical ; il avoue qu'il était tout-puissant pour développer

[1] S. Augustin, *Cité de Dieu*.

dans les hommes le sentiment de la personnalité, mais qu'il était incapable de les réunir dans une commune existence. Nous conviendrons, si l'on veut, qu'il pouvait des Gaulois faire des guerriers, mais il ne sut pas en faire des citoyens.

« La charité manquait à la religion de nos pères; il a fallu que le christianisme leur révélât cette loi divine. Le druidisme devait donc disparaître de la Gaule. En imposant sa domination aux Gaulois, Rome les a préparés au baptême d'une religion d'amour. »

Les temps sont accomplis, l'humanité chancèle dans la nuit qui s'est épaissie sur le monde. L'action d'une science infirme et les passions désordonnées ont fait succéder partout les plus profondes ténèbres à une lumière pâle et diffuse qui depuis des siècles enveloppait la tradition. Les croyances obscurcies et défaillantes étaient devenues un bégaiement ridicule, un ensemble de fables absurdes qui faisaient mépriser et les peuples, et les religions, et leurs symboles. Tandis que les sages recueillaient quelques échos égarés de l'ancienne doctrine, le vulgaire s'était attaché à la pure forme, il se prosternait devant des objets matériels, bruts ou façonnés par la main de l'homme; tout corps matériel s'était métamorphosé en la substance d'un être spirituel, d'un Dieu connu et inconnu à la fois, dans lequel l'esprit et la nature ne pouvaient plus être distingués l'un de l'autre[1].

---

[1] « Le dogme de l'existence d'un Dieu unique s'affaiblit, et finit par céder devant une foule de dieux, d'idoles et de simulacres, le plus funeste don que les Romains aient fait à nos pères. » M. l'abbé Mouillard dans le Bulletin de la société Archéol. du Morbihan (1859).

Quelquefois chacun d'eux avait revêtu une forme, ou humaine, ou animale, ou végétale, arbitraire, monstrueuse. Le désordre était allé plus loin encore. N'écoutant que le cri de leurs désirs, les hommes avaient changé le sens mystérieux et simplement soupçonné en une forme magique, en une efficace surnaturelle, qu'ils s'efforçaient de s'approprier, et qui, réunie à la matérialité idolâtrique dans son enfance, avait donné naissance au fétichisme. Des esprits qui se croyaient plus éclairés que le vulgaire recherchaient des abstractions revêtues d'une fausse mysticité, et s'étaient perdus dans le néant de leurs contemplations. La plupart des hommes s'étaient arrêtés à des rites secondaires, à des pratiques superstitieuses. L'homme sensuel ou frivole se jetait dans des débauches qu'il croyait justifiées par des symboles dont il avait corrompu le sens, et l'on vit ainsi dériver vers les âmes le cortège de toutes les erreurs, de toutes les folies criminelles, de toutes les dépravations. Le monde moral fut en quelque sorte retourné, et il n'y eut point de combinaison absurde à laquelle la fière raison ne jugeât à propos de s'arrêter. « L'homme essayait vainement de soulever le poids dont l'univers l'écrasait [1]. » Une nuée sombre couvrit le champ autrefois si éclatant et si varié des croyances religieuses: elle y projeta ces vagues ténèbres, cette sorte de démence, qui déconcertent les recherches, défient la hardiesse des hypothèses et semblent accuser le genre humain d'avoir cru constamment ce qui n'était pas croyable, et d'avoir

[1] Le baron d'Eckstein.

regardé comme la chose la plus importante, celle qui était évidemment dépourvue de toute vraisemblance. L'esprit de l'homme put alors sentir la pesanteur du joug abrutissant que ses passions avaient façonné ; ce joug s'appesantit sur toutes les âmes, et la religion, fille du ciel, fut créée de nouveau, mais cette fois à l'image de l'homme, que son but était d'élever au-dessus de lui-même ; transplantée dans la région des chimères et de la fantaisie, elle apparut comme la hideuse production de la terre et de l'abîme [1].

Telles étaient les erreurs et les ignominies auxquelles étaient livrés les grands peuples dont le nom remplit l'histoire, lorsque du côté de l'Orient un astre nouveau se leva sur le monde. Il dissipe les ténèbres de toutes les superstitions et verse sur la terre les clartés les plus pures sur l'unité, la sainteté, la bonté, la justice, la souveraineté infinie de Dieu, sur la spiritualité, l'immortalité, la perfectibilité indéfinie de l'âme ; sur la fraternité, la charité, la liberté, la dignité humaines : vastes et féconds éléments de la plus haute, de la seule véritable civilisation [2]. La Grèce, Rome, l'Orient, croyaient avoir épuisé toutes les

---

[1] Quel siècle plus célèbre et plus éclairé que celui d'Auguste ? Quel homme plus spirituel et plus instruit que cet empereur ? Cependant, lorsque après la perte de sa flotte il voulut châtier Neptune et se venger de ce dieu, c'est une marque évidente qu'il le regardait de bonne foi comme une divinité réelle, et comme cause volontaire de son désastre. Mais, d'autre part, quelle folie à un homme de s'imaginer qu'il va punir un dieu ! et quelle bizarre pensée que d'en former le dessein, quand on croit réellement en sa divinité ! On pourrait-on trouver une plus forte marque qu'il n'y a rien de si déraisonnable qui ne puisse parfois trouver sa place dans l'esprit d'un homme sage ?

[2] C'est ce révélateur qu'attendait Confucius, et qui lui faisait dire en songeant au bonheur de ceux qui le contempleraient : « Si, le matin, vous avez entendu la voix de la Raison céleste, le soir vous pourrez mourir. » *Lun-Yu*, 4, 8.

grandeurs réservées à l'humanité : une poignée de bateliers juifs leur démontrent que c'est à peine si leurs lèvres ridées ont savouré quelques gouttes du lait qui donne la vie aux peuples. Dans l'homme tout entier circule un souffle de vie qui pénètre son intelligence et son cœur, et l'élève à un degré de perfection qui dépasse infiniment tout ce que la sagesse antique eût jamais pu concevoir de plus admirable. L'homme déchu, l'homme cupide, égoïste, orgueilleux, sensuel, descendu à tous les degrés de la perversité et de l'abjection, se transforme tout à coup ; son cœur se tourne avec amour vers l'infini qu'il cherche et qu'il aspire ; il foule aux pieds tous les instincts qui le poussent au mal ; il embrasse le bien avec transport ; son âme, toujours en haleine vers la perfection, se dépouille de ce qu'il y a de plus doux, de plus cher, de plus inhérent à notre nature, abjure la vie des sens, s'immole et meurt tous les jours pour grandir et se répandre dans une nouvelle vie de devoir, de vertu, de dévouement et de sacrifice, où ne voyant jamais ce qu'elle fait de bien, mais ce qu'elle ne fait pas, elle se méprise en accomplissant des actes d'héroïsme. Comment l'homme pourrait-il cesser de tendre, d'aspirer toujours vers une plus haute perfection, quand il entend résonner dans son cœur ce divin appel :

« SOYEZ PARFAIT COMME VOTRE PÈRE CÉLESTE EST PARFAIT. »

> Mon cœur est à la lande, et je reviens fidèle !
> BRIZEUX.

Et maintenant adieu, ô ma Bretagne. Mon berceau fut caché dans l'une de tes vallées, et je m'y endormais au chant du roitelet, ce petit oiseau qui aime toujours, dit-on, le toit de chaume où il est né et la voix de ses frères. Je grandis à l'ombre de tes vieux chênes, et, jeune adolescent, mon bonheur était de m'asseoir sous les hêtres touffus, au bord de la lande, pour contempler l'horizon lointain, de m'égarer dans les détours des grands bois, ou de suivre le ruisseau du vallon en faisant jaillir sous mes pas la rosée scintillante dans l'herbe des prairies. Plus tard je fus conduit dans les grandes cités tout éclatantes des merveilles des arts et de l'industrie :

> Qu'êtes-vous pour le cœur, immenses colonades,
> Monuments fastueux, poudreuses promenades ?
> Qu'êtes-vous, beaux salons, art, théâtres, splendeur ?
> Peut-être le plaisir, mais non pas le bonheur [1].

Au milieu de ces magnificences, je songeais toujours à toi, ô ma Bretagne ; toujours je regrettais les simples cantiques que chantait ma mère, les pommiers en fleurs au printemps, et leurs fruits parfumés en automne, la chanson du pâtre sur les coteaux, et le son religieux de ma cloche natale... Pieux murmures, vous saluâtes mon avè-

---

[1] ACH. DU CLÉSIEUX.

nement à la vie ; vous auriez fait entendre une plainte et sollicité une prière sur ma tombe, si j'avais reposé au milieu de mes frères... Exilé loin de toi, ô mon pays, j'ai essayé, pour adoucir mes regrets, de redire quelques-uns des souvenirs, quelques-unes des traditions qui te concilient un si haut intérêt et consacrent ta gloire ; car aussi longtemps que la vie sera en moi, mon souvenir sera pour mon pays. J'aurais voulu avoir du génie pour mieux dire et mieux parler de toi. Puisses-tu reconnaître au moins, à travers les imperfections de la parole et de la science, l'accent du cœur d'un enfant qui t'aime et qui est fier de t'appartenir.

> Ah ! pour nous rien ne vaut notre vieille patrie,
> Et notre ciel brumeux, et la lande fleurie.

APPENDICE

ÉCLAIRCISSEMENTS ET NOTES

LES PARDONS EN BRETAGNE

Les grandes réunions nationales chez tous les peuples anciens doivent leur origine à la religion. Les Gaulois s'assemblaient sous les ordres de leurs druides, dans un lieu consacré. (CÆSAR, *De Bell. Gall.*, l. v.) Les vieilles lois moelmutiennes qui font mention de réunions semblables dans l'île de Bretagne antérieurement au x° siècle, les appellent des « Synodes privilégiés de fraternité et d'union », et les disent présidés par les bardes. (MYVYRIAN, *Arch. of Wales*, t. III, p. 200.) Le christianisme leur fit perdre leur caractère païen, mais il ne paraît avoir changé ni leur institution fondamentale, ni leurs cérémonies, ni leurs usages, ni le temps, ni le lieu des réunions ; fidèle à sa prudente manière d'agir avec les barbares, il n'abattit pas le temple, il le purifia. Le *menhir* est toujours debout, mais la croix le domine.

C'était aux solstices qu'avaient lieu, en Cambrie, comme les assemblées druidiques, les plus grandes réunions chrétiennes ; c'était dans les lieux consacrés par la religion des ancêtres, parmi les dolmen, au bord des fontaines, qu'on se réunissait ; c'était à l'occasion des fêtes qu'on y célébrait que revenaient périodiquement ces espèces de jeux olympiques, où les bardes, en présence d'un concours immense, tenaient leurs séances solennelles, et disputaient le prix de la harpe et de la poésie ; où les athlètes entraient en lice et faisaient assaut de courage, d'adresse ou de vitesse, à l'escrime, à la lutte, à la course et à vingt autres exercices semblables dont parlent les anciens auteurs ; c'était à ces fêtes que la foule trouvait dans la danse et la musique une diversion passagère aux soucis journaliers de sa misérable existence. Les sectes protestantes, qui déchirent et dépoétisent le malheureux pays de Galles, leur ont ôté tout caractère religieux : et il n'en reste que des débris sauvés à grand'peine par les bardes, ces gardiens de la nationalité galloise, qui désormais ne s'appuie plus que sur les mœurs, la langue et les traditions. En Bretagne, elles ont conservé leur génie primitif, et la religion a continué d'être l'âme de ces solennités, qui promettent encore à nos vieux usages, à nos croyances vénérables, à notre langue, et à notre littérature rustique, de longues années d'existence.

Chaque grand *Pardon* dure au moins trois jours. Dès la veille, toutes les cloches sont en branle ; le peuple s'occupe à parer la chapelle ; les autels sont ornés de guirlandes et chargés de vases de fleurs ; on revêt les statues des saints du costume national ; le patron ou la patronne du lieu se distinguent comme des fiancés, l'un à un gros bouquet orné de rubans, l'autre à mille petits miroirs qui scintillent sur sa coiffe blanche. Vers la chute du jour, on balaie la chapelle, et l'on en jette les poussières au vent, pour qu'il soit favorable aux habitants des îles qui doivent venir le lendemain ; chacun étale ensuite dans le lieu le plus apparent de la nef les offrandes qu'il fait au patron. Ce sont généralement des sacs de blé, des écheveaux de lin, des toisons vierges, des ruches nouvelles, ou d'autres produits de l'agriculture, comme aux anciens jours [1] ; puis des danses se forment au son du biniou national, de la bombarde et du tambourin, sur le tertre de la chapelle, au bord de la fontaine patronale, où quelquefois un dolmen en ruines et couvert d'un tapis de mousse sert de siège aux ménétriers. Il y a moins d'un siècle que l'on dansait dans la chapelle même, pour honorer le saint du lieu [2]. « On souffrait en quantité d'endroits, dit l'auteur de la Vie de Michel le Nobletz de Kerodern, que les jeunes gens des deux sexes y dansassent une partie de la nuit, et l'on eût presque cru commettre quelque sorte d'impiété que de les empêcher de célébrer les fêtes des saints d'une manière si profane [3]. »

En certaines occasions, on allume encore la nuit des feux de joie dans un but semblable, sur le tertre de la chapelle et sur les collines voisines. Au moment où la flamme, comme un long serpent, déroule, en montant, ses anneaux autour de la pyramide de genêts et d'ajoncs qu'on

---

[1] Multitudo rusticorum... exhibens lanas, vellera, formas cerae. (Gregor. Tur., de Gloria confes., c. 11;)

[2] C'était évidemment un usage druidique contre lequel, à toutes les époques, se sont élevés les évêques : « Statuimus ne chorum fiant in ecclesiis... quod facientes aut cantilenas cantantes in iisdem excommunicamus, etc. » V. Statuta synodalia eccles. Trecorensis, ad. ann. 1259, et Statuta synodalia ecclesiæ Coriosopitensis, ad. ann. 1786.

[3] P. 185.

lui a donnée à dévorer, et s'élance sur le bouquet qui s'élève à sa cime, on fait douze fois processionnellement le tour du bûcher, en récitant des prières ; les vieillards l'environnent d'un cercle de pierres, et placent au centre une chaudière, où l'on faisait cuire jadis des viandes pour les prêtres ; aujourd'hui les enfants remplissent cette chaudière d'eau et de pièces de métal, et, fixant quelques brins de jonc à ses deux parois opposées, ils en tirent des sons harmonieux, tandis que les mendiants à genoux à l'entour, la tête nue, et s'appuyant sur leurs bâtons, chantent en chœur les légendes du saint patron. Ainsi les anciens bardes chantaient, à la clarté de la lune, des hymnes en l'honneur de leurs dieux, en présence du bassin magique dressé au milieu du cercle de pierres, et dans lequel on apprêtait le repas des braves [1].

Le lendemain, au moment où l'aurore se lève, on voit arriver dans toutes les directions, de toutes les parties de la Bretagne, des pays de Léon, de Tréguier, de Cornouaille et de Vannes, des bandes de pèlerins qui chantent en cheminant. D'aussi loin qu'ils aperçoivent le clocher de l'église, ils ôtent leurs chapeaux, et s'agenouillent en faisant le signe de la Croix. La mer se couvre aussi de mille barques d'où partent des cantiques dont la cadence solennelle se règle sur celle des rames. Il y a des paroisses entières qui arrivent sous leurs bannières nationales, et conduites par leurs pasteurs. D'aussi loin qu'on les aperçoit, le clergé du *pardon* s'avance pour les recevoir ; les croix et les bannières s'inclinent en se saluant au moment où ils vont se

[1] Myvyrian, t. I, p. 46.

joindre, tandis que les cloches paroissiales s'appellent et se répondent dans les airs.

À l'issue des vêpres sort la procession. Les pèlerins s'y rangent par dialectes. On reconnaît les paysans de Léon à leur taille élevée, à leur costume noir, vert ou brun, à leurs jambes nues et basanées. Les Trégorois, dont les vêtements n'ont rien d'original, se font remarquer entre tous par leurs harmonieuses voix ; les Cornouaillais, par la richesse et l'élégance de leurs habits bleus ou violets ornés de broderies, leurs braies bouffantes et leurs cheveux flottants ; les Vannetais, au contraire, se distinguent par la couleur sombre de leurs vêtements : à l'air calme et froid de ces derniers, on ne devinerait jamais les âmes énergiques dont ni César, ni les armées révolutionnaires ne purent briser la volonté.

Quand le cortège se développe, rien de plus curieux à voir que ces rangs serrés de paysans aux costumes variés et bizarres, le front découvert, les yeux baissés, le chapelet à la main ; rien de touchant comme ces bandes de rudes matelots, qui viennent nu-pieds et en chemise pour accomplir le vœu qui les a sauvés du naufrage, portant sur leurs épaules meurtries les débris de leur navire fracassé ; rien de majestueux comme cette multitude innombrable précédée par la croix, qui s'avance en priant le long des grèves, et dont les chants se mêlent aux roulements de l'Océan.

Il est certaines paroisses où, avant de rentrer dans l'église, le cortège s'arrête dans le cimetière ; là, parmi les tombeaux des ancêtres, le paysan le plus respectable et l'ancien seigneur du canton, la jeune paysanne la plus sage et l'une des demoiselles du manoir, debout sur les degrés les plus élevés de la croix, renouvellent solennellement, au nom de la foule prosternée, en étendant la main sur le livre des Évangiles, les saintes promesses du baptême. Ainsi, la religion confond tous les âges, tous les rangs, toutes les conditions, dans ces pieuses assemblées, qui pourraient s'appeler encore des « Synodes privilégiés de fraternité et d'union ».

M. DE LA VILLEMARQUÉ, *Barzaz-Breiz*.

LES RUINES MONASTIQUES

> Un seul couvent de Bénédictins a produit des ouvrages plus précieux que les deux Universités d'Angleterre. — GIBBON.

Le voyageur et l'antiquaire ne peuvent faire un pas en Bretagne sans rencontrer les ruines de quelque monastère au fond de ses vallées ou au milieu de ses vertes plaines. Ces vénérables restes réveillent dans notre âme une suite d'idées à la fois grandioses et mélancoliques, qui nous rappellent les triomphes et les dures épreuves par lesquelles la religion a dû passer. Quel intérêt ne s'attache pas aux ruines de ces antiques abbayes, qui donnent au pays l'aspect d'une désolation à la fois si pénible et si magnifique! Lorsque nous visitons ces débris qui attestent la piété, la science et la bienfaisance de nos pères, nous sentons un certain attrait qui nous porte insensiblement à la méditation et à l'étude. L'antiquaire, tandis qu'il mesure la hauteur de la tour chancelante couverte de lierre, qu'il esquisse l'arche près de s'écrouler, ou qu'il cherche à déchiffrer l'inscription mutilée et à moitié effacée de la pierre tumulaire, éprouve un sentiment pieux. Il craint de commettre une profanation en foulant aux pieds le sol qui couvre la poussière des princes et des guerriers, les cendres sanctifiées des prêtres et des philosophes. L'âme aime à parcourir les divers anneaux qui forment la chaîne de ses souvenirs historiques, et à lire sur les fragments épars du saint lieu le reflet d'un glorieux passé.

Ces temples, ces abbayes qui n'offrent aujourd'hui que des ruines, retentissaient jadis des louanges de ce Dieu presque oublié de nos jours; sur cet autel mutilé furent célébrés les mystères d'une religion que tous les siècles ont révérée; cette colonne tronquée soutenait la chaire sacrée où le prédicateur faisait entendre les préceptes de la foi et de la morale la plus pure; sous ces arcades, maintenant remplies de cercueils brisés et d'herbes sauvages, étaient placées ces tribunes où les larmes de la pénitence coulèrent et furent séchées par le repentir. Le marbre qui couvrait le sol de l'enceinte sacrée a fait place à une verdure parsemée de tombeaux. — C'est là qu'une foule innombrable de fidèles, depuis le lever de l'aurore jusqu'au coucher du soleil, se prosternait devant le Saint des saints. Quelle vaste mutilation a détruit ces cloîtres, que foulèrent ces pieux cénobites dont les écrits scientifiques et théologiques reculèrent les bornes des sciences et des lettres, et sauvèrent des ravages du temps et de la barbarie tous les monuments primitifs de la sagesse et de la littérature ancienne.

Sans le soin que les moines de ces temps prirent de conserver et de multiplier les copies des Saintes Écritures et des ouvrages classiques, dans quel lieu le savant et l'homme de lettres trouveraient-ils aujourd'hui les écrits inspirés ou les productions du génie de la Grèce et de Rome? Ces cellules, maintenant en proie à la destruction, servaient autrefois de demeure aux saints et aux savants, à l'étranger et au pèlerin. Dans ces vastes salles, où de nos jours les animaux de proie cherchent une retraite, se voyaient des écoles pour l'instruction de la jeunesse et des bibliothèques enrichies des productions de la science sacrée et profane, ainsi que du dépôt des annales nationales. A la porte de l'église, souvent l'orgueilleux baron fut ramené par le ministre de la paix à un sentiment de justice et d'humanité; le pauvre, l'étranger, l'homme sans défense, trouvaient également dans ce saint lieu un asile inviolable contre le caractère vindicatif, hautain ou avare du despote féodal. Ces portes massives, dont la rouille a rongé jusqu'aux gonds, furent toujours ouvertes au pauvre et à l'infortuné; la veuve, l'orphelin et le vieillard y vinrent tous les jours chercher leur part des bienfaits des monastères.

Le noble chevalier, en passant devant le portail gothique, baissait, en témoignage de son respect pour cet asile sacré, son panache orgueilleux, et invoquait sur ses périlleuses entreprises la bénédiction de l'homme de Dieu! Que les temps sont changés! Que sont devenus les jours où cette Église envoyait ses prédicateurs éclairer du flambeau du christianisme et de la civilisation les royaumes barbares qui tiennent aujourd'hui un rang élevé parmi les nations de la terre? On cherche en vain ces époques heureuses où elle donnait des évêques et des savants à l'Église et aux universités, des ambassadeurs et des hommes d'État aux rois, des confesseurs aux souverains Pontifes, au ciel des martyrs.

Laisserons-nous périr l'histoire de ces établissements, asiles de la piété et de la science? Ne trouvera-t-on pas une plume éloquente pour célébrer les œuvres de ces hommes savants et pieux qui faisaient la gloire de la religion et de l'humanité! Lorsque l'antiquaire et le philosophe s'empressent de visiter ces ruines monastiques, ces fragments de l'antiquité sacrée, pour méditer sur l'instabilité et le néant des institutions humaines, la puissance, la sagesse, les grandeurs de ce monde, confondus dans la poussière et le silence des tombeaux; lorsque le poète, le peintre, le romancier, fréquentent ces anciennes abbayes pour s'inspirer aux lieux où le génie peut recueillir les faits les plus intéressants et les plus féconds, n'est-il pas étrange qu'aucun écrivain ne réclame ce sol sacré comme la propriété exclusive de l'historien? Tandis que d'autres auteurs cherchent au milieu de ces ruines et de ces scènes de l'antiquité les sources de la fiction, n'est-il pas étonnant que l'on néglige les richesses impérissables de l'histoire, la vérité religieuse et l'intérêt littéraire, qu'offrent les antiquités monastiques, où le vulgaire ne voit que des débris, où le savant aime à retremper son génie dans le recueillement et le silence de ce qui fut un des domaines du savoir, de la piété et de la bienfaisance ?

Voy. les éloquentes réflexions de M. O'Sullivan sur les ruines des monastères dans son beau livre sur les origines bardiques de l'Irlande, t. I.

COSTUMES DU FINISTÈRE

L'une des choses les plus curieuses à observer dans les *pardons* du Finistère, c'est la variété des costumes. Ces costumes changent à chaque commune, et souvent plus de cent communes sont représentées dans un seul pardon. Ainsi, si vous vous trouvez dans l'arrondissement de Morlaix ou de Brest, vous verrez successivement passer sous vos yeux les Roscovites avec leurs justaucorps verts, leurs pantalons blancs, leurs gilets bleu-ciel et leurs ceintures rouges ; les paysans de Saint-Thégonnec, aux larges culottes noires et plissées, à l'habit du temps de Louis XIV, au grand chapeau tombant sur les yeux et à la démarche majestueuse. Plus loin ce sont des Taulaisiens portant la veste de flanelle blanche et la culotte violette; des paysans de Ploudalmézeau, drapés dans leurs manteaux azurés dont ' petit collet retombe découpé en festons; des Plougastels en habits violets et en culottes rouges, ou bien revêtus de leur costume journalier de berlinge brun avec le capuchon de toile rabattu sur le dos et le bonnet phrygien sur les yeux[1]. Quant aux hommes habillés de toile dont la culotte flottante n'arrive qu'au genou, regardez leurs jambes vigoureuses et leur chevelure fauve qui tombe en désordre sur leur visage, leur *pen-bas* (casse-tête), qu'ils agitent d'un air sauvage : ce sont des riverains de Guissény et de Plouguerneau. Près d'eux passent des Ouessantins, dont le costume rappelle celui des Flamands de Téniers. Maintenant regardez du côté de l'église ou de la danse. Ici sont les femmes de Guiclan, véritables nonnes vêtues de noir et de blanc, et dont la coiffe empesée et la collerette encadrent le pâle visage : tout auprès cette rose enfant qui porte sur sa tête des ailes de dentelles repliées, s'allongeant par derrière comme celles d'un papillon endormi, est une jeune fille de Morlaix. Si elle était en deuil, les deux barbes de sa coiffure retomberaient sur ses épaules comme les bandelettes que l'on voit pendre sur les tempes des statues égyptiennes. La Morlaisienne cause avec une autre jeune fille dont les

---

[1] Le costume des femmes de Plougastel est l'un des plus pittoresques de l'Europe. Celui des paysannes de la campagne de Rome est plus riche, mais non plus gracieux. Il est défiguré, comme le costume suisse, et comme une foule d'autres trop vantés, par un corsage très-court qui donne à la taille quelque chose de lourd et de contrefait. L'habit breton, au contraire, suit les formes, et leur laisse tout leur naturel, toute leur souplesse, toute leur allure.

cheveux tombent épars, et qui resserre dans un corset de drap brun orné de ganses roses sa taille vigoureuse. Cette femme, chez qui tout respire je ne sais quelle énergie vivace et puissante, dont les yeux noirs brillent comme des étoiles au milieu d'un visage animé, dont la physionomie à la fois virile et douce est empreinte d'un singulier mélange de force et de grâce, c'est une fille d'Ouessant, une descendente de la race primitive non altérée par les alliances, c'est le dernier type de la femme celte. Près d'elle se trouvent des femmes de l'île de Bas et de Saint-Pol, reconnaissables à leurs joues brunes et à leur *gigolo*. Puis viennent celles de Saint-Renan, dont le schall est de tulle brodé; celles de Daoulas, du Ponthou, de Landerneau.

Dix pages ne suffiraient pas pour l'énumération et la description de ces divers habillements, et cependant vous n'avez vu encore aucun habitant des montagnes. Tous ceux-ci appartiennent aux arrondissements de Brest et de Morlaix; Châteaulin, Quimper, Quimperlé offrent mille autres costumes aussi différents, aussi pittoresques. Allez au pardon de la Feuillée, de Scaër, et vous en jugerez. Ici ce sera une femme de Douarnenez avec ses habits éclatants de rouge, de jaune et de violet, son bonnet plat et ses souliers découverts, donnant la main à un Kernéwote de Carhaix, au petit chapeau couvert de chenilles bariolées, et au large habit rougeâtre à boutonnières bleues. Là une Fouénantaise, droite et souple comme un peuplier, gaie et contente comme une fauvette, vêtue d'un étroit corset de velours et d'une chemisette blanche, se promène près d'un jeune homme du Huelgoat, dont les braies gauloises plissées autour de la ceinture retombent à demi sur ses hanches, laissant un intervalle duquel sort par crevées la toile de sa chemise rousse. Au milieu de la foule se promènent les pêcheurs d'Audierne avec leurs vestes bleues et leurs étroits chapeaux de paille, les meuniers de la vallée de Châteaulin, vêtus de blanc et les bouchers de Quimper, dont le sombre vêtement est relevé par des bas d'un rouge de sang. On voit aussi çà et là dans l'assemblée le garde champêtre avec la plaque de cuivre au bras gauche, les pilotes portant à la boutonnière l'ancre d'argent les cloarecs de Pont-Croix en longues lévites noires, rasés sur le front et n'ayant conservé qu'une demi-couronne de cheveux qui retombe sur leur cou par derrière; là, ces enfants que vous voyez enveloppés d'une sorte de longue soutane boutonnée par devant, avec leur bonnet à trois pièces et une baguette blanche à la main, sont des gars de la montagne qui ont plus de deux ans, et ne sont pas encore sevrés. Puis, viennent leurs *orines*, habillés de toutes pièces et portant le bragou-bras, le grand chapeau, l'habit à larges basques; les petites filles, avec le *justin* garni, la jupe courte, le bas à coins et les petits souliers. Dans ce costume compliqué et grave, en tout semblable à celui de leurs pères, la gaieté du premier âge s'efface pour faire place à je ne sais quel sérieux plaisant d'enfants jouant à la vie humaine. On dirait de petits comédiens comme ceux de M. Comte habillés pour la pièce et qui se sont échappés du foyer.

TABLE

DES PRINCIPALES DIVISIONS ET PARAGRAPHES DE L'OUVRAGE

Dédicace VII

Introduction IX

LA BRETAGNE PITTORESQUE ET ARCHÉOLOGIQUE

I. Vue générale.. 23
II. La mer sur les côtes. — Un don de la Providence...... 25
III. Paysages. — Les Montagnes et les Vallées. — L'Ellé et l'Izôle. — Le Léonais................................... 32
IV. Souvenir des bords de la Rance. — Dinan. — Chateaubriand. — Le Château de la Garaye...................... 39
V. Archéologie. — Les villes ruinées. — Impressions..... 52
VI. Les Monuments celtiques...................................... 60
VII. Broceliande. — Les origines de la chevalerie et le château de Joyeuse-Garde. — La valeur bretonne........ 75
VIII. Le Christianisme en Bretagne............................... 81
IX. Les Pardons. — Auray et le champ des Martyrs. — Le Pèlerinage de Sainte-Anne.................................... 92
X. Aux contempteurs de la Bretagne............................ 102

LA BRETAGNE CELTO-GAÉLIQUE

MONUMENTS CELTIQUES

I. Géographie des Monuments celtiques. — Migrations des

peuples. — Les Dolmens, essai d'interprétation. — Immortalité de l'âme. — Un soir sur la bruyère de Carnac 111

II. Culte primitif, symbolique et universel de la pierre brute. — Le Béthyle. — Le Menhir. — Origine du nom de *Carnac*. — Le Kroummleac'h. — Vues interprétatives. — Le Stonehenge de Salisbury. — Lettre de M. Alexandre Bertrand à l'auteur........................... 138

III. Les Cairns ou Carns, leur origine chez les anciens peuples. — Carnac désigne-t-il à la fois des Cairns et des menhirs? Examen critique de quelques opinions basées sur l'étymologie de ce mot, fausse application et fausse interprétation. — Fouilles dans le Mont Saint-Michel de Carnac et nouvelles découvertes.......... 161

LA BRETAGNE CELTO-KYMRIQUE

TRADITIONS DRUIDIQUES

I. Les Celtes Gaëls ou Galls et les Kymris. — Leurs mœurs, leur industrie, etc................5............. 181

II. Le Druidisme. — Culte gaélique. — Divinités gauloises. — Les Génies ou dieux secondaires. — Les monuments celtiques sont antérieurs à l'époque de l'invasion Kymrique. — Hiérarchie des Druides ; leurs principaux dogmes. — Prêtresses de Senn. — Plantes sacrées. — L'œuf du serpent. — Chute du Druidisme........ 189

APPENDICE 225

www.ingramcontent.com/pod-product-compliance
Lightning Source LLC
Chambersburg PA
CBHW071932160426
43198CB00011B/1371